SCHÖNING'S REISEFÜHRER

# DER RHEIN

## RHEINFÜHRER VON MAINZ BIS KÖLN

*Die Loreley*

**Gestaltung:** Boris Fengler
**Text:** Wolfgang Kootz
**Fotos:** Reinhold Mayer, Hans Kraft, Armin Rausch, Andrew Cowin, Jörn Sackermann, Ulrich Findeisen, Schöning Verlag

Schulz & Partner: Seite 3, Stadtverwaltung Bingen am Rhein: Seite 138, Stadtverwaltung Trier: Seite 64, Tourist Information Cochem: Seite 145, Walter, Rüdesheim: Seite 22



SCHÖNING VERLAG

Gesamtherstellung und © Copyright by
SCHÖNING GmbH & CO KG
An der Hülshorst 5 · 23568 LÜBECK
☎ (04 51) 31 03-0 · Fax: (04 51) 3 52 83
E-mail: info@schoening-verlag.de
Internet: www.schoening-verlag.de
ISBN 978-3-89917-272-0
5. Auflage

# Der Rhein zwischen Mainz und Köln

Bei Mainz wendet sich der Rhein aus der Nordrichtung nach Westen, ehe er sich bei Bingen in das enge Durchbruchstal durch das Rheinische Schiefergebirge zwängt. Im Laufe von Jahrmillionen fraß der Strom den heute 200-300 m tiefen Graben in das sich mit Unterbrechungen hebende plateauartige Gebirge. Die tiefen Einschnitte von Rhein, Mosel und Lahn gliedern das Massiv in vier Teile, im Süden den Hunsrück und den Taunus, nördlich von Koblenz die Eifel und den Westerwald. Das Felsental war schon zur Zeit der Römer wichtige Verkehrsader zu Wasser und zu Land. Von ihnen lernten die Bewohner den Bau von Befestigungen und vor allem den Weinbau an den sonnigen Hängen. 32 deutsche Kaiser und Könige zogen auf ihrem Weg von der Wahl in Frankfurt zur Krönung in Aachen am Mittelrhein entlang und zeigten sich den Anwohnern. Schiffer und Flößer steuerten mühsam den Strom hinunter, ständig bedroht durch Strudel und Klippen. Dafür mußten die zu Lande reisenden Kaufleute Räuberbanden fürchten. Mit dem Bau der Zahlreichen Burgen wuchs die Sicherheit der Handelsstraßen, doch verlangten die Beschützer Gegenleistungen in barer Münze. Zu den aus eigener Machtvollkommenheit erhobenen Abgaben kamen die als Kaiserliches Lehen zumeist an die vier rheinischen Kurfürsten vergebenen Zölle, so daß die Kaufleute allein auf der Rheinstrecke zwischen Bingen und Koblenz bei zehn Zollstellen bezahlen mussten. Kein Wunder, dass es Streitigkeiten gab und mancher Burgenbesitzer in den Ruf eines Raubritters kam. Dieses Unwesen blühte vor allem zur Zeit der kaiserlichen Machtlosigkeit im 13. Jahrhundert, ehe Kaiser Rudolf von Habsburg nach 1273 durch die Zerstörung der Raubnester am Rhein wieder für Ordnung sorgte.

Die Burgen, ursprünglich zur Beherrschung der Besitzungen errichtet, dienten auch der Sicherheit der angrenzenden Siedlungen. Manche Burg war gleichzeitig Residenz eines Landesherrn und sicherte Handwerkern, Fischern, Bauern und Winzern ein bescheidenes Einkommen. Durch die Verbesserung der Feuerwaffen verloren die Burgen im 16. Jahrhundert ihre Bedeutung. Nur wenige, wie die Rheinstein und die Ehrenbreitstein, baute man zu Festungen aus. Viele andere verfielen, weil die Adligen sich wohnliche Schlösser im Tal errichten ließen, und dienten Dieben und Räuberbanden als Schlupfwinkel. Die restlichen Burgen fielen den französischen Truppen Ludwigs XIV. und Napoleons zum Opfer. Lediglich die Marksburg blieb aus der Zeit des Mittelalters erhalten.

Goethes Rheinreise 1774 leitete das Zeitalter der Romantik ein. Mit Beginn des 19. Jahrhunderts entwickelte sich das Rheintal zum Anziehungspunkt für Touristen aus der ganzen Welt. Das plötzlich erwachte Interesse an den überlieferten Ruinen führte zur Sicherung des Baubestandes und zu ihrem Wiederaufbau ab 1825. Heute können die meisten besichtigt werden und beherbergen Restaurationsbetriebe oder Museen. Neben einer Vielzahl von Burgen prägen liebenswerte alte Städtchen, umrahmt von wehrhaften Mauern, Türmen und Toren, ehrwürdige Kirchen mit kunstvollen Grabdenkmälern und schmucke Winzerdörfer mit sonnigen Weinbergen zwischen schroffen Felswänden das Bild. Jahr für Jahr zieht es Millionen von Gästen an den romantischen Mittelrhein, der besonders zwischen Rüdesheim und Koblenz mehr Burgen aufzuweisen hat als irgendeine andere Landschaft der Welt.

*Hospitalkeller im Kloster Eberbach*

# Inhaltsverzeichnis

# 1 Mainz

Bereits vor der Zeitenwende entwickelte sich der Ort als offene Siedlung am Rande einer mauerbewehrten Legionsfestung. Diese war Hauptort der Römer im oberen Germanien. Die Römersteine im Zahlbachtal, Säulenreste der Wasserleitung, erinnern an jene Zeit ebenso wie erhaltene Teile der römischen Stadtmauer. Überragende Bedeutung für die Christianisierung bekam Mainz durch Bonifatius, der hier im 8. Jahrhundert als

*Blick über den Rhein auf das Stadtzentrum von Mainz*

Bischof wirkte. Unter seinem Nachfolger wurde Mainz zum Erzbistum erhoben und erhielt als einzige Stadt neben Rom den Beinamen Heiliger Stuhl. In der Folgezeit gewannen die Erzbischöfe von Mainz nach dem Titel Erzkanzler des Reiches (965) auch den Vorsitz im Kurfürstenkolleg (1257).

7 Königskrönungen fanden im 11. und 12. Jahrhundert im Dom, der Kirche der Erzbischöfe, statt. Die Bürger der Stadt wehrten sich jahrzehntelang gegen die erzbischöfliche Bevormundung, doch wurden sie 1462 von Kurfürst und Erzbischof Adolf von Nassau besiegt. Mainz blieb fortan unangefochtene Residenz von Kurmainz ohne bürgerliche Selbstverwaltung. Als 1792 der Kurfürst vor den französischen

*Ein imposantes Bauwerk – der Mainzer Dom*

Revolutionstruppen floh, wurde Kurmainz Republik und verlor 1802 den Erzbischofssitz. 1814 kam Mainz an Hessen und wurde 1950 zur Hauptstadt von Rheinland-Pfalz gekürt.

Zentrum der Altstadt ist der Dom, der unter Erzbischof Willigis (975-1011) begonnen wurde. Weite Plätze im Außenbezirk und die Bürgerhäuser am Gotteshaus unterstreichen noch seine monumentale Wucht. Die Anlage ist nach dem Vorbild des alten St.Peters-Doms in Rom mit zwei Querhäusern versehen.

Vom zierlichen Ostchor stammen die unteren Stockwerke der schlanken, spitzbehelmten Treppentürme noch aus der Ursprungszeit. Das romanische Langhaus (12. Jh.) verbindet die Querhäuser, von denen das höhere westliche von besonderem künstlerischem Wert ist. Die niederen Geschosse des 82,5 m hohen Vierungsturms wurden 1239 fertiggestellt, das höhere Geschoss bis zur Uhr 1490 und der barocke Aufbau 1769-1774 aufgesetzt. Baumeister des letzten Teils war Michael

*Grabdenkmäler von Erzbischöfen (16.Jh.) im Mainzer Dom*

Neumann, Sohn des berühmten Balthasar Neumann. Das Marktportal (um 1200), heute Eingang zum Dom, enthält eine zweiflügelige Bronzetür (um 1000) mit Inschrift. Gedrungene

*Mainz in Abendbeleuchtung. In der Mitte die Türme des Doms*

*Renaissance-Brunnen (1526) auf dem Domplatz*

Säulen aus mächtigen Kalksteinquadern trennen das 109 m lange Gotteshaus in drei Schiffe. Die schmucklosen Kreuzgratgewölbe des Mittelschiffs (29 m hoch) erheben sich in den Kuppeln der Vierungstürme in 38 bzw. 44 m Höhe.

Der Dom enthält den wohl vollständigsten Bestand an Grabdenkmälern und Plastiken aus dem 11. bis 20. Jahrhundert. Die künstlerisch wertvollsten sind das Denkmal für Erzbischof Johann II. von Nassau (gest. 1419), mit dem der sogenannte Adalbertmeister den Typus des gotischen Mainzer Wand- oder Pfeilerdenkmals schuf, sowie die Werke des Mainzer Künstlers Hans Backoffen zu Beginn des 16. Jahrhunderts. Der Korpus des stattlichen Taufbeckens von 1328 zeigt die 12 Apostel, die Mutter Gottes und den heiligen Martin, plastisch in Zinn gegossen.

Auf dem Markt vor dem Dom besticht der Renaissance-Brunnen von 1526 durch seinen Formenreichtum und seine Farbenpracht. In Verlängerung des Doms nach Osten gelangen wir zum Weltmuseum der Druckkunst mit der originalgetreuen Nachbildung der Werkstatt Gutenbergs.

Reizvolle Altstadtgassen mit malerischen Fachwerkhäusern und barocken Adelspalästen führen uns zum trutzigen Holzturm (14. Jh.) an der Ostseite und weiter zur Stefanskirche mit ihrem sehenswerten Kreuzgang an der Südecke der Altstadt. Das Kurfürstliche Schloss nahe der Rheinpromenade gilt als eine der schönsten Renaissancebauten in Deutschland. Es beherbergt heute das Römisch-Germanische Zentralmuseum.

*Der Erfinder der Druckkunst – Johannes Gutenberg*

Der Dativius-Victor-Bogen gewährt einen reizvollen Blick hinüber zur Christuskirche. Gegenüber dem Jubiläumsbrunnen an der Südostecke der Anlage erhebt sich die St.-Peters-Kirche. Das Zentrum des benachbarten Deutschhausplatzes bildet die Jupitersäule, die zur Zeit der römischen Befestigung auf halbem Weg zum Rheinhafen errichtet worden war.

*Spezialmuseum der Schrift und Druckkunst – das Gutenberg-Museum*

Das Deutschhaus an der Nordseite des Platzes beherbergt heute den Landtag von Rheinland-Pfalz. Dort, wo die Deutschhausgasse in den Platz einmündet, steht der Sautanz, ein Gebäude, das vom Südwestfunk genutzt wird. Folgen wir der Gasse, so kommen wir zum ehemaligen Zeughaus, heute Staatskanzlei, mit einer Stresemann-Gedächtnis-Halle. Nicht weit davon befindet sich das Naturhistorische Museum.

Aus der Vielzahl der Veranstaltungen ragt die Mainzer Fastnacht mit ihren Prunksitzungen und dem traditionellen Rosenmontagszug heraus.

# 2 Wiesbaden – eine Stadt mit Tradition

Elegant und schön, attraktiv und lebendig, musisch und sportlich, so präsentiert sich Wiesbaden zwischen dem Taunus im Norden und dem Rhein im Süden.

Seine 26 heißen Quellen wurden bereits von dem römischen Naturhistoriker Plinius im ersten Jahrzehnt nach Christi erwähnt. Die heißen Quellen und deren heilende Wirkung lockten schon damals viele an den Rhein, die Römer errichteten eine erste größere Ansiedlung. „Aquae Mattiacorum" nannten sie den Legionsort – das Bad der Mattiaker. Später brachten die Grafen von Nassau die Ansiedlung „Wisibada" zur ersten Blüte. Badehäuser und Herbergen entstanden und um 1550 zählte man häufig mehr Gäste als Einwohner.

*Der schlanke Hauptturm der neugotischen Marktkirche*

Unter preußischer Herrschaft wurde Wiesbaden mit dem Status Weltkurstadt bedacht. Schlösser, elegante Residenzen und vornehme Hotels bestimmen das Stadtbild. Der europäische Adel trifft sich hier ebenso wie Dichter, Denker und Lenker. Durch die regelmäßige Präsenz von Wilhelm II. erhält Wiesbaden den Status „Kaiserstadt“. Heute verbindet Wiesbaden auf seinem antiken Boden die Attraktionen einer modernen Großstadt mit dem Charme des einstigen Weltkurbades.

Die unmittelbare Nähe des Flughafens Rhein-Main ist mit ein entscheidender Faktor für die positive Entwicklung der traditionsreichen Kurstadt zur internationalen Kongressstadt. Das historische Veranstaltungszentrum, das Kurhaus Wiesbaden, und die modernen Rhein-Main-Hallen, sowie ein attraktives Angebot an Tagungshotels stehen heute dem anspruchsvollen

*Das weltberühmte Kurhaus von 1907 mit Spielbank*

Geschäftsreisenden mit einem breiten Leistungsspektrum zur Verfügung.

Das „Nizza des Nordens" wird Wiesbaden in manchen Reiseführern auch genannt. Nicht ganz zu unrecht, betrachtet man die Villengebiete, das historische Kurhaus mit einer der schönsten Spielbanken Europas oder das prächtige Staatstheater. Und dennoch verbergen sich hinter Wiesbaden noch andere Reize: Nahezu ländliche Idylle in den Vororten, grüne Alleen und ausgedehnte Parks inmitten der Stadt.

Der Rhein und der Wein sind mit Wiesbaden untrennbar verbunden. Renommierte Sekthersteller haben in und um Wiesbaden ihre Kellereien. Der nahe Rheingau mit seinen erlesenen Weinen und liebenswürdiger Gastlichkeit verbindet sich harmonisch mit Wiesbaden, dem „Tor zum Rheingau".

# 3 Eltville

Auf der rechten Rheinseite erstreckt sich von Wiesbaden bis Rüdesheim der liebliche Rheingau, die Heimat des weltberühmten Rheinweins und eines der bedeutendsten Weinbaugebiete Deutschlands. Über das Winzerdorf Walluf erreichen wir Eltville, die älteste Stadt im Rheingau. Im 14. und 15. Jahrhundert residierten hier die Erzbischöfe und Kurfürsten von Mainz. Ihre Burg, nach der Zerstörung im Zollkrieg (1301) neu errichtet, fiel im Dreißigjährigen Krieg den Schweden zum Opfer. Der eindrucksvolle Wohnturm, heute Gutenberg-Museum, mit der Wehrplatte und dem tiefen Verlies blieb jedoch erhalten. Sehenswert sind auch die zahlreichen Edelhöfe der Ministerialen. Das Martinstor und der Sebastiansturm mit einem Stück zinnenbewerter Stadtmauer zeugen von der Wehrhaftigkeit der Stadt.

Die schlichte Stadtkirche gilt als bedeutendste Schatzkammer spätgotischer Kunst am Mittelrhein mit künstlerisch wertvollen Decken- und Wandmalereien, Grabdenkmälern von Adligen, Madonnenfiguren und Kapellen aus der Zeit ab 1400. Wertvollste Einzelstücke sind der Willigesstein (um 1400) als geschichtliches Dokument sowie der eindrucksvolle Taufstein, 1517 in der Werkstatt Hans Backoffens in Mainz gefertigt. Die malerischen Altstadtgassen um die Kirche werden von romantischen Fachwerkbauten und breitgelagerten Barockbauten beherrscht.

Wie Perlen an einer Kette reihen sich Erbach, Hattenheim, Oestrich und Winkel am rechten Rheinufer. Vor Hattenheim führt uns eine Straße zum Kloster Eberbach (4 km), 1135 von Zisterziensern gegründet. Mit seiner romanischen Kirche (12. Jh.) gilt das Kloster als bedeutendstes Kunstdenkmal des Mittelalters in Hessen. Hattenheim selbst weist einen der

*Burg Craß, romanischer Adelssitz mit Wohnturm der erzbischöflichen Burg*

Alter Rheinkran bei Oestrich

Wohnturm der Burg in Eltville

schönsten Dorfplätze dieses Gebietes auf. Neben dem alten Rathaus, hübschen Fachwerkhäusern und schönen Edelhöfen besitzt der Ort eine stattliche Turmruine als Rest der ehemaligen Burg von 1118.

# 4 Ingelheim

Auf halbem Weg zwischen Mainz und Bingen liegt auf uraltem Kulturboden das Städtchen Ingelheim. Die Zeit seiner größten Bedeutung setzte ein, nachdem Karl der Große im Jahr 774 Ingelheim besucht hatte. 788 fand hier eine Reichsversammlung statt, auf der Herzog Tassilo III. von Bayern zum Tode verurteilt, anschließend zu Klosterdasein begnadigt wurde. Um diese Zeit ließ Karl der Große vermutlich den Bau der Kaiserpfalz beginnen. Ihre höchste Glanzzeit erlebte die Pfalz zu Zeiten Ludwigs des Frommen im 9. Jahrhundert sowie der sächsischen Kaiser, die sie zwischen 907 und 1018 besonders häufig aufsuchten. 1163 weilte Kaiser Friedrich I. Barbarossa in der Pfalz und ließ sie zu einer befestigten Reichsburg ausbauen. Ihre Bedeutung als Königsresidenz verlor die Pfalz endgültig 1354, als sie Sitz eines Chorherrenstifts wurde. Wenig später gab man das Saalgelände zur Besiedlung frei. In der Folgezeit hatte die Reichsburg noch zwei harte Bewährungsproben zu bestehen, doch konnten ihre Besatzungen die Belagerungen durch

Diether von Isenburg (1460) und Landgraf Wilhelm II. von Hessen (1504) abweisen. Von diesem bedeutenden weltlichen Bau des frühen Mittelalters finden sich noch Reste des karolingischen Reichssaals Aula Regia und des äußeren Mauerrings mit der Ruine des Eckturms Bolander und einem teilweise vermauerten doppelten Torbogen, dem Heidesheimer Tor. Der figürliche und ornamentale Schmuck der evangelischen Pfarrkirche, der Saalkirche, 997 als Palastkapelle erstmals erwähnt, geht auf die Zeit der Umbauten unter Friedrich Barbarossa zurück, ebenso die ungewöhnliche Chorpartie.

Die katholische Pfarrkirche St. Remigius, ab 1739 im Stil des Barock umgebaut, besitzt einen eindrucksvollen romanischen Turm. Während seine drei schlichten unteren Geschosse im 12. Jahrhundert gearbeitet wurden, zeigen die oberen Stockwerke und die Giebelfelder den größeren Formenreichtum des folgenden Jahrhunderts. Ober-Ingelheim war im 14./15. Jahrhundert Hauptsitz des Oberhofs, eines Berufungsgerichts für über 60 Gerichte aus zum Teil sehr entfernten Orten. Die Ortsbefestigung mit zahlreichen Türmen und Tortürmen ist gut erhalten, ebenso das alte Ortsbild, z. B. „An der Burgkirche". Sehenswert ist jedoch vor allem die evangelische Pfarrkirche, die mit dem teilweise doppelten Mauerring des Wehrkirchhofs in den Verteidigungsgürtel des Ortes einbezogen war und wohl auch als Fluchtburg diente. Wachhäuschen und Zinnenkranz des staufischen Kirchturms (12. Jh.) weisen ihn als Teil der Ortsbefestigung aus. Der Chor und der höhere Erweiterungsbau des Gotteshauses wurden nach 1400 angefügt. Die Kirche diente im 15. bis 17. Jahrhundert den in Ober-Ingelheim ansässigen Adelsfamilien als Begräbnisstätte. Unter den kunstvollen Grabdenkmälern sind die für Hans von Ingelheim (gest. 1480) und Wilhelm von Ockenheim (gest. 1465) besonders hervorzuheben.

*Das Rathaus der Stadt Ingelheim*

# 5 Rüdesheim

Wenige Kilometer unterhalb der Stadt ändert der Rhein jäh seine Richtung und wird schmaler. Diese Stelle, das Binger Loch, war mit seinen Riffen und Stromschnellen früher ein unüberwindliches Hindernis für die Schifffahrt. Daher wurden die Schiffe, die von Süden kamen, bei Rüdesheim entladen, die Waren auf der alten Keltenstraße nach Lorch transportiert und dort erst erneut auf Schiffe verfrachtet.

Die Umladeaktionen brachten dem Ort regen Verkehr und willkommene Einnahmen. Erst als im 11. Jahrhundert die Fahrrinne erstmalig verbreitert wurde, konnte die Schifffahrt diese weiterhin sehr gefährliche Stelle passieren. Noch heute bevorzugen es viele Fremdschiffer, für die Strecke zwischen Rüdesheim und St. Goar einen Lotsendienst in Anspruch zu nehmen.

*Weitläufige Rebanlagen liegen oberhalb von Rüdesheim*

Unmittelbar am Rhein als Wasserburg angelegt, finden wir die Brömserburg, die älteste und am besten erhaltene der drei Rüdesheimer Burgen. Sie diente im 10.-13. Jahrhundert den Mainzer Erzbischöfen zeitweilig als Wohnung und Zuflucht.

Nachdem die Erzbischöfe sie im 13. Jahrhundert den Rittern von Rüdesheim zum Lehen gegeben hatten, entwickelte sie sich kurzzeitig zu einem schlimmen Raubnest. In der Sponheimschen Fehde (1281) besiegte der Erzbischof Wernherr von Mainz die Rüdesheimer und die mit ihnen verbündeten Sponheimer vollständig. Ihren heutigen Namen bekam die Burg durch die Nebenlinie Brömser von Rüdesheim, die von 1548 bis zu ihrem Aussterben 1668 die Burg bewohnte. Nach 1810 ließ sie die Adelsfamilie von Ingelheim herrichten, und seit dieser Zeit sind die Gästebücher erhalten.

*Die Rheinstraße in Rüdesheim*

Im ältesten finden wir auch einen Eintrag Goethes, der 1814 die Burg besuchte. Heute gehört sie der Stadt und beherbergt das Rheingauer Heimat- und Weinmuseum mit einer umfangreichen Trinkgefäßesammlung. Die Boosenburg, früher Oberburg, gehörte den Herren von Rüdesheim aus der Linie der Füchse. Nur der trutzige Burgturm ist erhalten. Der Turm am Markt ist ein Rest der ehemaligen Vorderburg, die Kernpunkt der inneren Stadtbefestigung war.

In der Oberstraße finden wir noch alte Adelshöfe, so den Ritterschen Hof. (Nr. 4,) den Bassenheimer Hof (Nr. 5) und den Brömser Hof (Nr. 27). Heinrich Brömser ließ das Gebäude 1542 errichten und mit Freskomalereien versehen. Diese zeigen in der Kapelle ein großes Ehewappen Brömser/ Greiffenclau, im Ahnensaal die Ahnenprobe als Nachweis der ritterlichen Abstammung. Das Ehewappen am Hoftor ließ Heinrich Brömser, letzter männlicher Spross des Rüdesheimer Adelshauses (gest. 1668) kurmainzerischer Hofrichter, Geheimrat und Reichs-

*Brömser Hof*

*Die bekannteste Straße am Mittelrhein – die Drosselgasse*

*Der Winzerhof in der Oberstraße*

hofrat, um 1650 anbringen. Im Brömser Hof ist heute Siegfrieds Mechanisches Musikkabinett untergebracht, eine Sammlung selbstspielender Musikinstrumente aus drei Jahrhunderten. Die katholische Pfarrkirche (14. Jh.) am Markt trägt eigentümlicherweise eine Wetterfahne mit Halbmond und Stern. Diese soll an ihren mutmaßlichen Bauherrn, einen Ritter von Brömser, erinnern, der an einem der Kreuzzüge teilgenommen hatte. Romantisch enge Gassen mit urgemütlichen Weinlokalen und unzähligen Straußwirtschaften, allen voran die weltberühmte Drosselgasse, laden die zahlreichen Gäste der Stadt zum stimmungsvollen Bummel und weinseligen Verweilen ein. Immerhin verfügt Rüdesheim bei nur 10.000 Einwohnern über 3.200 Gästebetten, mehr als 2,7 Millionen. Besuchern werden jährlich in diesem internationalen Touristenzentrum verzeichnet.

Daneben lebt die Stadt vom Weinbau mit seinen berühmten Rieslingsorten und den weinverarbeitenden Betrieben wie Sektkellereien und einer großen Weinbrennerei. Am Adlerturm (15. Jh.) am Westende der Rheinstraße erkennen wir noch Reste der mittelalterlichen Stadtbefestigung. Der 20,4 m hohe Turm stand früher unmittelbar am Rhein. Mittels Signalstange und Feuerkorb meldete man von hier aus den Beginn von Eisgang stromabwärts. Das Untergeschoss des Turms, mit 1 m

*Drosselgasse – urgemütliche Weinlokale laden zum Verweilen ein*

dicken Mauern erbaut, bildet ein Verlies, das nur durch eine Bodenklappe im 1. Obergeschoss zugänglich ist. Eine Bronzetafel an der Außenseite erinnert an den Besuch Goethes in Rüdesheim (1814). Der internationale Fremdenverkehrsort hat von Ende Mai bis Ende Oktober Saison. Höhepunkte sind das Großfeuerwerk „Der Rhein im Feuerzauber um das Binger Loch„ (1. Sa. im Juli) und das traditionelle Rüdesheimer Weinfest (Mitte August) und der Weihnachtsmarkt der Nationen (an jedem Adventswochenende Mitt. – So.). Besichtigungen von Wein- und Sektkellereien sowie Asbach, die berühmte Spezialität aus Rüdesheim am Rhein sind auf Anfrage möglich.

*rechts: Das Niederwalddenkmal bei Rüdesheim (37,6 m hoch)*
*oben: Historischer Weinkeller in Rüdesheim*
*unten: Weihnachtsmarkt der Nationen - Amerikanisches Haus*

ZUM ANDENKEN
AN DIE EINMUETHIGE
DES DEUTSCHEN VOLKES
UND AN DIE
DES DEUTSCHEN REICHES
WILHELM
DEN GEFALLENEN ZUM GEDAECHTNISS, DEN LEBENDEN ZUR ANERKENNUNG
DEN KUENFTIGEN GESCHLECHTERN ZUR NACHEIFERUNG

# 6 Das Niederwalddenkmal bei Rüdesheim

Wanderwege, Fahrstraßen und Seilbahnen führen von Rüdesheim und Assmannshausen auf die Höhe des Niederwalds. Am Waldrand, 225 m über dem Rhein, entstand in den Jahren 1877 bis 1883 ein monumentales Denkmal, das die Wiedererrichtung des Deutschen Reiches und die Einheit Deutschlands symbolisieren soll. Hauptfigur des 37,6 m hohen Denkmals ist die Germania, 10,5 m hoch, in ihren Händen das Reichsschwert und die deutsche Kaiserkrone. Für den Guss der gewichtigen Dame benötigte man 32 t Bronze, was wesentlich zu den Gesamtkosten von 1,2 Millionen Goldmark beitrug. Über 1 Million wurde durch Spenden des Volkes aufgebracht.

*Das Niederwalddenkmal bei Rüdesheim (37,6 m. hoch)*

Den Sandsteinaufbau ziert ein Bronzerelief, auf dem annähernd 200 Personen in Lebensgröße dargestellt sind: Kaiser Wilhelm I. zu Pferd, Bismarck, die deutschen Landesfürsten und ihre Heerführer sowie Soldaten aller Truppengattungen. Zwei Engelsfiguren, Krieg und Frieden, 2,8 m groß, flankieren das Bildwerk.

Vom Denkmal genießen wir eine herrliche Aussicht über die Weinberge nach Rüdesheim und über den Rhein nach Bingen an der Nahemündung mit der Burg Klopp. Rheinaufwärts erstreckt sich der vielgelobte, liebliche Rheingau, an dessen sanften Hängen schon vor 2.000 Jahren römische Veteranen Weinbau betrieben. Nach rechts verengen sich Tal und Strom gleichermaßen, hier beginnt die schroffe, felsige Mittelrheinstrecke. Gepflegte und markierte Wanderwege führen in das Naturschutzgebiet des Niederwaldes, zum Jagdschloss oder zur Benediktinerinnen-Abtei St. Hildegard (1900-1904) mit ihrer sehenswerten Klosterkirche im Beuroner Stil und dem herrlichen Rheintalblick vom Klostergarten aus. In der Nähe des Denkmals befindet sich eine Adlerwarte; sie beherbergt eine Vielzahl einheimischer Greifvögel.

*Sandsteinaufbau des Denkmals mit Bronzerelief*

# 7 Bingen und die Burg Klopp

An der Mündung der Nahe in den Rhein liegt die alte Stadt Bingen. Vor 2.000 Jahren hatten hier die Römer an der Gabelung zweier Handelsstraßen das Kastell Bingium angelegt, in dessen Schutz wohl die erste Siedlung entstand. Bereits aus dem 5. Jahrhundert ist eine christliche Gemeinde bekannt. 983 übertrug Kaiser Otto II. das Gebiet der Nahemündung seinem Kanzler, Erzbischof Williges von Mainz. Im Zollkrieg von 1301 wurde auch Bingen von Truppen König Alberts I. belagert und erobert, seine Burg zerstört. In diesem Krieg brach der König für wenige Jahre die Macht der rheinischen Kurfürsten und erzwang die Aufhebung der für die Fürsten einträglichen Rheinzölle. Als jedoch Albrecht 1308 ermordet wurde, lebten die Zölle sogleich wieder auf.

Wahrzeichen der Stadt ist die Burg Klopp auf einem Hügel inmitten des Stadtgebiets. Im Ursprung wohl eine römische Anlage, war sie zur Zeit der Regierung der Erzbischöfe Sitz der Adeligen. Im Zollkrieg (1301) ergab sich die Burgbesatzung erst, als ein Brand die weitere Verteidigung sinnlos erscheinen ließ. Das brachte dem Bau den Ehrentitel das unüberwindliche Haus Klopp ein. Nach der Zerstörung durch die französischen Truppen des Sonnenkönigs 1689 eben erst notdürftig wiederhergestellt, ließ ihr eigener Besitzer, das Domkapitel zu Mainz, die Burg 1713 sprengen, damit sie in einem späteren Krieg nicht mehr als Stützpunkt dienen könne. Nach 1875 ließ man die Gebäude im Stil der rheinischen Burgen des 15. Jahrhunderts wieder aufbauen. 1897 erwarb die Stadt die Burg, die ihr seither als Rathaus und Heimatmuseum dient. Über dem Eingang am Torhaus findet sich ein Wappen des Domkapitels zu Mainz. Im Heimatmuseum ist besonders das Instrumentarium eines römischen Arztes (2. Jh.) beachtenswert. Die Fundamente des Bergfrieds und der 52 m tiefe Burgbrunnen stammen wahrscheinlich aus römischer Zeit.

*Bingen mit Stadtteil Bingerbrück, jenseits der Nahe. Im Hintergrund der Mäuseturm am Binger Loch.*

# 8 Der Mäuseturm und die Ruine Ehrenfels

Auf der Rheininsel am Binger Loch erhebt sich der zierliche Mäuseturm. Er entstand wohl im 13. Jahrhundert als Spähturm für die Burg Ehrenfels, die trotz ihrer Türme und Vorwerke keinen Einblick in den Verlauf der nördlichen Rheinstrecke gewährte. Dieser Funktion verdankt das Bauwerk seinen Namen: mausen = Ausschau halten wie die Katze nach der Maus. Die Sage allerdings weiß eine andere Deutung: Der hartherzige Bischof Hatto habe sich auf der Flucht vor einer riesigen Schar von Mäusen auf den Turm gerettet, seine Verfolger aber seien ihm nachgeschwommen und hätten ihn gefressen.

Der Turm wurde 1636 von den Schweden teilweise und 1689 von den Franzosen gründlich zerstört, jeweils zusammen mit der Burg Ehrenfels. Der Romantiker auf dem Thron, König Friedrich Wilhelm von Preußen, ließ 1848 den gefährdeten Unterbau des Vorwerks abfangen und 1855 den Turm in neugotischem Stil errichten. Von da ab bis 1974 diente er der Rheinschifffahrt als Signalstation.

Die Ruine inmitten der Weinberge oberhalb des Mäuseturms bildet den Restbestand der Burg Ehrenfels. Das Bauwerk dehnte sich einst mit seinen Nebengebäuden bis an das Rheinufer hinunter, wo der Komplex mit dem Großen Zollhaus abschloss. Um 1215 von den Brüdern von Bolanden als Zollburg erbaut, kam sie um 1270 samt dem Zollrecht in den Besitz der Erzbischöfe von Mainz. Zusammen

mit dem Mäuseturm und der Burg Klopp bildete sie einen starken Sperrriegel für den Mainzer Besitz gegen Angriffe von Norden. Entsprechend ihrer strategischen Bedeutung ließen sie die Erzbischöfe mehrfach verstärken und bargen hier in Kriegszeiten auch ihren Domschatz. Seit der Zerstörung durch die Franzosen (1689) blieb die Ehrenfels Ruine. Mit ihrer mächtigen, von Türmen flankierten Schildmauer gegen den Hang, gehört sie zu den imponierendsten Bauwerken am Rhein.

*Fußweg ab Rüdesheim 30 Minuten, ab Bahnübergang 15 Minuten. Herrliche Aussicht. Keine Innenbesichtigung wegen Baufälligkeit.*

*Der Mäuseturm (13. Jh.), einst Spähturm der Burg Ehrenfels*

# 9 Assmannshausen

Das romantische Rotweindorf Assmannshausen wenige Kilometer rheinabwärts der Burg Ehrenfels gehört heute zur Stadt Rüdesheim. Als fränkische Siedlung entstanden, wurde es bereits 1108 als Hasemannshusen urkundlich genannt. Eine teilweise erhaltene Ringmauer an der Rheinseite diente einst zum Schutz gegen Feinde und Eisgang. Den Eckpfeiler der Stadtbefestigung bildete der Wehrturm der spätgotischen Kirche. In ihr befinden sich ein Altarbild und eine Madonna, beides Meisterwerke aus dem 15. Jahrhundert.

Entlang den engen Gassen des Ortskerns drängen sich malerische Fachwerkbauten unweit des sonnendurchglühten Hangs des Höllenberges. Hier wächst auf bläulichem Taunusphyllitschiefer einer der besten Spätburgunder. Ein Sessellift zum Niederwalddenkmal, ein Jagdschloss sowie unzählige Wanderwege und prächtige Aussichtspunkte ergänzen das kleine Weindorf zu einem idealen Ausflugs- und Reiseziel.

*Blick vom Aussichtspunkt Schweizerhaus auf Assmannshausen*

*Ein Sessellift führt von Assmannshausen zum Niederwalddenkmal*

*Romantisches Fachwerkhaus im Ortskern von Assmannshausen*

# 10 Burg Rheinstein

Gegenüber von Assmannshausen erhebt sich auf einer Felsnase die zinnengekrönte Burg Rheinstein. Um 900 als Zollstätte für das Reich erbaut, kam sie um 990 als Schenkung Kaiser Ottos III. an das Erzbistum Mainz, das sie zur Schutz- und Trutzburg ausbauen ließ. Bedeutendstes Ereignis war die Anwesenheit Kaiser Rudolfs von Habsburg, der hier im Jahr 1282 gegen die unbotmäßigen Ritter von Reichenstein, Sooneck und Ehrenfels zu Gericht saß. Im 17. Jahrhundert war die Burg verfallen und wurde als Ruine bezeichnet. Prinz Friedrich Wilhelm von Preußen kaufte sie 1825 und ließ sie als erste der Burgen in den folgenden Jahren wieder aufbauen.

*Besichtigung mit Führung täglich. Fußweg ab Parkplatz unterhalb der Burg 5 Minuten, ab Trechtingshausen 2 km.*

*Burg Rheinstein – ehemalige Zollburg des Reiches.*

# 11 Burg Reichenstein

Etwa 2 km hinter Burg Reichenstein entdecken wir am Ortseingang von Trechtingshausen am Rheinufer die Klemenskapelle (13. Jh.), eine der ältesten Kirchen am Rhein. Gegenüber erhebt sich auf einem Felsgrat eine der ältesten Burgen, die Reichenstein (11. Jh.). 1253 wurde sie vom Rheinischen Städtebund als Raubritterburg zerstört. 1282 ließ Rudolf von Habsburg das Raubnest erneut zerstören und die Raubritter bei der Klemenskapelle enthaupten. 1899 erwarb Baron von Kirsch-Puricelli die Ruine.

Ähnlich wie die Ehrenfels besitzt auch die Reichenstein anstelle eines zentralen Bergfrieds eine von 2 Türmen flankierte mächtige Schildmauer, unten 8, oben 5 m dick und 16 m hoch. Im Inneren ist ein Hotel-Restaurant untergebracht. Die übrigen Räume enthalten wertvolle Möbel und eine bedeutende Sammlung von Waffen und Geweihen.

*Besichtigung und Führung ganzjährig. Parkplatz im Burghof. Fußweg vom Rheinufer 5 Minuten.*

12

# Die Burgen Sooneck, Heimburg Fürstenberg und die Weinstadt Lorch

Das sehenswerte Dorf Trechtingshausen besitzt noch Reste der mittelalterlichen Wehrmauer am Rhein, ein romantisches Tor am Neuweg und einen zinnenbewehrten Rundturm.

Ebenso wie die Reichenstein oberhalb des Ortes gehörte die benachbarte Burg Sooneck zu den Raubnestern, die im 13. Jahrhundert zweimal zerstört wurden. Ein vorübergehendes Bauverbot hob der Kaiser 1349 auf und der neue Besitzer, Kurmainz, ließ die Burg neu errichten. 1689 fiel sie dem Ansturm der Franzosen zum Opfer. Im 19. Jahrhundert ließ sie Kronprinz Friedrich Wilhelm von Preußen im Stil der Romantik wieder aufbauen.

Langgestreckt auf dem schmalen Rheinuferstreifen liegt verträumt das Dorf Niederheimbach. Nur wenig über seinen Dächern thront die kurmainzische Heimburg, um 1300 als nördlicher Eckpfeiler gegen das Territorium der Pfalzgrafen errichtet. Später verfiel die Burg, doch wurde sie im 19. Jahrhundert neu erbaut. Bemerkenswert sind die starke, efeubewachsene Schildmauer und der 25 m hohe Bergfried.

Die Burg Fürstenberg über Rheindiebach ließ der Erzbischof von Köln zum Schutz seines Besitzes und seines Zollrechts um 1220 erbauen. Seit ihrer Zerstörung 1689 blieb sie Ruine. Der sich nach oben verjüngende, zinnengekrönte Bergfried ist gut erhalten.

*Besichtigung nur Burg Sooneck, Januar bis November. Fußweg 1 km.*

Gegenüber liegt an der Mündung der Wisper die Weinstadt Lorch unterhalb der Ruine Nollich (vor 1100). Die gotische Pfarrkirche (ab 13 Jh.) enthält alte Grabdenkmäler und einen kunstvoll gearbeiteten Hochaltar; den größten Schnitzaltar Deutschlands. Unter den Bürger- und Adelshäusern ist das Hilchenhaus (1546-1548) hervorzuheben.

*Burg Sooneck bei Trechtingshausen. Erbaut frühes 11. Jahrhundert, 1253 und 1282 als Raubritterburg zerstört*

# 13 Bacharach

Zusammen mit Burg Stahleck gelangte Bacharach im 11. Jahrhundert in den Besitz der Pfalzgrafen. Der bedeutende Holz- und Weinhandel sowie vor allem der Rheinzoll machten Bacharach neben Kaub zum einträglichsten Ort der Pfalz. Die Stadtbefestigung (14. Jh.) ist neben der von Oberwesel die besterhaltene am Mittelrhein. Der Wehrgang an der Rheinfront ist vollständig begehbar, 7 der Türme besitzen noch ihre volle Höhe, selbst die Verbindungsmauer zur Burg als Eckpfeiler ist noch vorhanden.

Die ehemalige Zollbastion, am Südende der Stadt in den Rhein vorspringend, wandelte man um 1700 in ein Kapuzinerkloster um, von dem noch heute die Kirche steht. Die Hauptkirche St. Peter entstand ab 1100. Sie enthält wertvolle mittelalterliche Fresken. Aus dem reichen Bestand an Fachwerkfassaden ragen

*Blick von den Weinbergen auf Bacharach*

der Alte Posthof, mit prächtigem Innenhof, und das Alte Haus (1568) am Marktplatz heraus. Auf halber Höhe zur Burg entdecken wir die markante Ruine der gotischen Wernerka-pelle. Sie entstand ab 1294 in 140 Jahren Bauzeit, finanziert mit Spenden der Pilger.

*Ruine der gotischen Wernerskapelle (ab 1294). Rechts die Pfarrkirche St. Peter (1100)*

Der Ortsteil Steeg, 1 km abseits vom Rhein, bietet neben einer Vielzahl von malerischen Fachwerkbauten eine sehenswerte Kirche (14.Jh.) mit mittelalterlichen Wandbildern. Über Steeg und dem Tal wachte einst auf einer Felsnase die Burg Stahlberg (13. Jh.), heute nur noch Ruine.

*Malerische Fachwerkbauten wie z. B. das Alte Haus prägen das Stadtbild von Bacharach.*

# 14 Burg Stahleck

Bereits zu Beginn des 12. Jahrhunderts werden in Urkunden Burgherren von Stahleck genannt. 1142 wurde Hermann von Stahleck Pfalzgraf. In den folgenden Jahrzehnten vervollständigten er und seine Nachfolger den Pfälzer Sperrriegel, bestehend aus den Burgen Gutenfels, Pfalzgrafenstein, Stahleck, Stahlberg und Fürstenberg. Damit war diese strategisch wichtige Landschaft in der Vierländerecke der rheinischen Kurfürsten weitgehend gesichert. Nach Zerstörungen im Dreißigjährigen Krieg erneuert, machten sie 1689 die französichen Truppen zur Ruine. Der Rheinische Verein ließ sie 1925-1927 als Jugendherberge auf den alten Fundamenten errichten. Der Kern des frei im Hof stehenden runden Bergfrieds stammt aus dem 12. Jahrhundert. Die Ringmauer (14. Jh.) verstärkt sich an der Angriffsseite zur Schildmauer, flankiert von Ecktürmchen. Ungewöhnlich für eine Hangburg ist, dass der Halsgraben mit Wasser gefüllt werden konnte.

Über eine Brücke - früher Zugbrücke -, durch das äußere Burgtor, den Zwinger und das innere Burgtor führt der Weg in den Innenhof. Der Palas an der Ostseite mit mächtigem Walmdach wurde 1931 wieder aufgebaut. Die Fachwerkbauten dienen noch heute als Jugendherberge.

*Parkplatz. Fußweg ab Bacharach 25 Minuten. Besichtigung des Innenhofs und der Vorburg möglich.*

*Die Burg Stahleck thront hoch über Bacharach*

# 15 Kaub mit der Pfalz und Burg Gutenfels

Die Stadt tritt im Jahr 983 ins Licht der Geschichte, als sie dem Erzstift Mainz zufiel. Zu Beginn des 13. Jahrhunderts waren der Ort, der Rheinzoll und die erstmals erwähnte Burg in den Händen der Herren von Falkenstein, die ihren Besitz jedoch schon 1277 an die Rheinpfalz verkauften, bei der Kaub bis 1802 verblieb. 1326 weilte König Ludwig der Bayer auf der Burg. Um diese Zeit muss die Inselbefestigung Pfalzgrafenstein - kurz Pfalz genannt - sich bereits im Bau befunden haben, denn ein Jahr später richtete Papst Johannes XXII. an die Erzbischöfe von Mainz, Köln und Trier die Aufforderung, den auf einer Rheininsel bei Kaub errichteten Turm zu zerstören. Eine steinerne Gedenktafel am ehemaligen Kurpfälzer Amtshaus erinnert an die erfolgreiche Verteidigung von Kaub im Jahr 1504, als Burg und Stadt 6,5 Wochen von Landgraf Wilhelm von Hessen belagert worden waren. Der Burg brachte die Abwehrschlacht den Ehrennamen Gutenfels ein. Außerdem war sie Anlass zu der Legende und dem historischen Spiel um das Elslein von Kaub. Alljährlich zum Winzerfest wird heute noch ein Elslein gewählt und spielt am Elsleinfest eine Laienschar in geschichtlichen Kostümen die Legende von der Rettung der Stadt durch ihre tapfere Tochter Else Welzer. Eine Sternstunde der Geschichte erlebte Kaub in der Neujahrsnacht 1813/14: Auf der Verfolgung des Franzosenkaisers Napoleon setzte der preußische Feldmarschall Blücher hier mit Hilfe von Schiffen aus Kaub und St. Goarshausen über den Rhein und marschierte, nachdem ein Brückenkopf gebildet war, mit dem Rest seines Heeres von 100.000 Mann hier über eine schnell erbaute Pontonbrücke ans andere Ufer.

Das Blüchermuseum in seinem ehemaligen Quartier in der Metzgergasse 6 steht heute allen Besuchern täglich – außer Montag – zur Besichtigung offen. Es enthält Waffen und Uniformen aus jener Zeit. Das Blücherdenkmal verdankt seinen Standort in den Rheinanlagen einer Naturkatastrophe: Der Bergrutsch von 1876 forderte 26 Menschenleben und zerstörte 10 Wohnhäuser, schuf aber ein breites Rheinufer. Neben dem Denkmal befindet sich hier auch der Kauber Pegelturm. Zu den Resten der mittelalterlichen Stadtbefestigung gehört der Runde Turm im Osten der Altstadt. Den westlichen Abschluss des alten Kaub bildet der romanische Weseler Torturm.

*Das Blücherdenkmal symbolisiert den Hinauswurf Napoleons aus Deutschland 1813/14*

In der Stadt gefallen vor allem die romantischen Gassen „Auf der Mauer“ und „Metzgergasse“ sowie das kurpfälzische Amtshaus mit der Wappentafel des Kurfürstengeschlechts. Die evangelische und die katholische Kirche, unter einem Dach, sind aus einem spätromanischen Kirchenbau hervorgegangen. Die Katholiken hielten bis 1770 ihren Gottesdienst im Chor, ehe dieser einem Neubau im Stil des Spätrokoko weichen musste. Auf einem Felsen hinter der Kirche ragt der Glockenstuhl auf. Der Kauber Zoll wird im Jahr 1257 erstmals erwähnt. Damals schon befand sich auf der flachen Rheininsel Falkenaue eine Zollstation. Von der Wasser- und Zollburg Pfalzgrafenstein entstand etwa ab 1325 der fünfeckige, sechsgeschossige Turm, den ihre Besitzer ab 1340 mit einer 12 m hohen Ringmauer in der Form eines Schiffsrumpfes versahen. Das Außenschiff (1607) ziert ein steinerner Löwe mit dem Wappen der Pfälzer. Dahinter sind Geschützbastionen und mehrgeschossige hölzerne Arkaden mit einem Wehrgang angelegt. Ein Fallgatter in der Ringmauer sicherte den Zugang. Der Eingang zum Turm befindet sich auch heute noch im 3. Stockwerk. Besonders interessant ist das alte Burgverlies, dessen Boden je nach Wasserstand gehoben und gesenkt werden konnte.

*Besichtigung: Januar bis November (außer Montag), Dezember geschlossen.*

Oberhalb der Pfalz erhebt sich die ältere Burg Gutenfels, um 1200 von den Falkensteinern erbaut. Im Königssaal erhielt

Burggraf Adolf von Nassau 1287 die Nachricht, dass er als Nachfolger Rudolfs von Habsburg zum König gewählt worden war. Ein Wandgemälde im Saal stellt die Übergabe der Ernennung durch Herolde dar. Der Kernbau mit dem 35 m hohen Bergfried, dem Palas, dem Rüstbau und dem inneren Burghof ist gut erhalten.

*Die Pfalz bei Kaub - im Hintergrund die Burg Gutenfels*

Die Ringmauer stammt aus dem 14. Jahrhundert. 1806 ließ Napoleon die Burg entfestigen und auf Abbruch versteigern. Ein Archivar verhinderte ihren Verfall, indem er die Ruine kaufte. Nach 1888 veranlasste der Architekt Walter ihren Wiederaufbau. Heute gilt sie als eine der schönsten und geräumigsten Burgen am Rhein und beherbergt ein Schlosshotel.

*3 km Fußweg und Fahrstraße ab Kaub. Keine Besichtigung.*

16

# Die Schönburg und Oberwesel

In Sichtweite von Kaub schmiegt sich das Städtchen Oberwesel in eine Ausbuchtung des Rheintals. Eingebettet in sanfte Rebenhänge, führt der turmbewehrte Ort völlig berechtigt den Beinamen „Stadt der Türme und des Weines". Hoch über ihrer Silhouette wacht die imposante tausendjährige Schönburg. Zeitweise im Besitz der Grafen von Stahleck, übergab sie Friedrich I. Barbarossa im Jahre 1166 einem seiner Beamten als Reichslehen. Er und seine Nachkommen nannten sich nach ihrem Domizil von Schönburg. Der Rheinzoll von Oberwesel machte sie zu den reichsten und mächtigsten Familien in diesem Gebiet. 100 Jahre nach der Lehnübernahme wohnten bereits fünf Familien von Schönburg auf der Feste, die besonders im 14. Jahrhundert zu einer geräumigen gemeinsamen Familienburg, genannt Ganerbenburg, ausgebaut wurde. Bis zu ihrer Zerstörung durch die Truppen des französischen Sonnenkönigs Ludwig XIV. blieb sie im Besitz der Familie. Nach 1885 ließen sie ihre Eigentümer teilweise wiederaufbauen. Ein Teil der weiträumigen Anlage dient seit ihrem Ausbau als internationale Jugendburg, ein anderer als Hotel.

*Fußweg ab Oberwesel 30 Minuten, Parkplatz bei der Burg. Besichtigung nur im Außenbereich möglich. Die Burg selbst ist nicht zugänglich. Hotel/Restaurant.*

*Oberwesel besitzt die am vollständigsten erhaltene Stadtbefestigung am Mittelrhein.*

Eindrucksvoll ist die gewaltige, mehrfach gebrochene Schildmauer auf der Bergseite. Deutlich erkennen wir die Dreiteilung der Burganlage mit zwei Bergfrieden und einem Wohnturm.

Die Stadt selbst steht auf altem Siedlungsgrund der Kelten (400 v. Chr.) und der Römer, die hier eine Militärstation unterhielten. 1237 wurde die Schönburg reichsunmittelbar, und Oberwesel, früher Wesel, konnte sich durch Zahlung von 300 Mark Silber von der Vogtei der Schönburger freikaufen. Dadurch wurde sie freie Reichsstadt. In den folgenden Jahren ersetzte sie die Umwallung durch eine Stadtmauer, die noch heute mit 18 Türmen als vollständigste am Mittelrhein erhalten ist.

Bemerkenswert sind vor allem die massigen Rundtürme an der Rheinfront, der Ochsenturm und der Haagsturm. Im gleichen Jahrhundert noch entstanden die zierliche Wernerkapelle und das Minoritenkloster, das noch als Ruine besteht. Nach 1300 erbaute man mit Hilfe der vermögenden Herren von Schönburg die beiden gotischen Stiftskirchen Liebfrauen und St. Martin. Beide enthalten wertvolle Gegenstände und Einbauten, der Wohlhabenheit der Stadt entsprechend. Besonders hervorgehoben sei hier die berühmte Orgel und der Gottaltar der schlanken Liebfrauenkirche.

# 17 Die Loreley

Wahrzeichen der Rheinromantik ist auch heute noch der mächtige Schieferfelsen zwischen Kaub und St. Goarshausen, genannt Loreley. Unterhalb drängte sich der Strom zu seiner schmalsten und tiefsten Stelle zusammen. Felsklippen und Strudel machten die Vorbeifahrt für Schiffe und Flöße noch bis ins 19. Jahrhundert hinein zu einem gewagten Abenteuer, und die Schiffsmannschaft wurde zuvor durch drei Glockenschläge zum Gebet aufgefordert. Daneben war der Felsen schon im frühen Mittelalter für sein gutes Echo berühmt, das man als Geisterstimmen deutete.

Kein Wunder, das sich um ihn eine Vielzahl von Sagen wob, deren berühmteste die von der Zauberin Loreley ist, die durch ihre außerirdische Schönheit und ihren zauberhaften Gesang die Herzen der Schiffer betört. Sie schauen hinauf auf den Felsen zu der anmutigen Jungfrau und vergessen für einen

*Wahrzeichen der Rheinromantik – die Loreley*

Moment die gefährlichen Strudel und Klippen. Ihr Boot zerschellt, sie versinken für immer im Strom. So verfällt ihr einst auch der junge Erbgraf von Rheinpfalz. Heimlich lässt er sich in einer mondhellen Nacht von einigen Getreuen zu dem Felsen rudern. Überwältigt vom Anblick der schönen Maid lassen sie für einen Moment die Ruder sinken.

Der ungeduldige Erbgraf springt voller Sehnsucht aus dem Boot, um schwimmend das Ufer zu erreichen; aber er versinkt in den Fluten. Sein Vater befiehlt, die Hexe auf dem Felsvorsprung zu fangen oder zu töten. Als ihr die Soldaten den Rückzug in ihre Höhle versperren, ruft sie ihren Vater, den Rhein zu Hilfe. Riesige, schaumgekrönte Wogen erheben sich aus dem Strom und tragen die Jungfrau fort. Seitdem wurde sie nie wieder gesehen. Nur manchmal in hellen Mondnächten erklingt noch geheimnisvoller Gesang, wie ihn die Dichter der Romantik beschrieben haben. Das Loreley-Lied Heinrich Heines, vertont von Silcher, begründete den Ruhm des Rheinfelsens in aller Welt.

Vom Uferparkplatz am Fuß der Loreley führt ein Treppenweg auf das Plateau, aber auch über eine Fahrstraße ab St. Goarshausen erreichen wir die Höhe der Bergnase. Herrliche

*Blick in das enge Tal des Mittelrheingebiets*

Aussichtsplätze vermitteln unvergessliche Eindrücke von Deutschlands berühmtester Landschaft: Die gepflegte Freilichtbühne aus der Zeit des 3. Reiches dient vielerlei Veranstaltungen. Nahe am Berghotel erkennen wir die Reste eines Walles, der zu einer keltischen Fliehburg gehörte.

*Die Zauberin Loreley, die mit ihrer überirdischen Schönheit und durch ihren betörenden Gesang die Schiffer ins Unglück lockte*

# 18 Burg Katz

Nachdem die Grafen von Katzenelnbogen Mitte des 13. Jahrhunderts die Burg Rheinfels über St. Goar erbaut hatten, ließen sie um 1371 am anderen Rheinufer die Burg Neukatzenelnbogen, kurz Katz genannt, errichten. Sie diente der Verstärkung der Rheinfels, sicherte deren Übersetzstelle zum Übungsgelände und das Städtchen Hausen und ermöglichte ein frühes Beobachten von Schiffen, die um den Loreleyfelsen bogen. Zusammen mit der Schwesterburg bildete sie so eine wirkungsvolle Stromsperre vor allem zum Schutz des einträglichen Rheinzolls. Die steilen Hänge eines Felsvorsprungs boten nach drei Seiten Schutz. Zur Bergseite ließen die Grafen einen tiefen Halsgraben in den Fels meißeln. Die steinerne Brücke, die in den langgestreckten Zwinger führte, konnte im Kriegsfall gesprengt werden.

Der 40m hohe Bergfried gab der Angriffsseite zusätzlichen Schutz. Starke Wehrmauern verbanden ihn nach beiden Seiten mit dem Wohngebäude, dem fünfeckigen Palas, über dem schützenden Steilhang. Seine starken Außenmauern und eine tieferliegende, dreistöckige Bastion davor erhöhten die Wehrhaftigkeit der Burg, die vor der Erfindung der Feuerwaffen wohl uneinnehmbar war.

Der dreistöckige Wohnbau enthielt neben der Burggrafenstube und einer Anzahl von Kemenaten und Kammern zwei prächtige Säle. Von den Sitzbänken in den vorspringenden Rundtürmen hatten die Bewohner einen herrlichen Ausblick auf Strom und Städtchen. Im Keller lagerte der Wein, der den Gelagen die Würze gab. Von den Sälen führten Türen auf die Wehrgänge und von dort in den Burgfried.

*Burg Katz über St. Goarshausen*

*Blick auf Burg Katz, im Hintergrund St. Goar mit Burg Rheinfels*

Nur das Erdgeschoss, das Burgverlies, war vom Hof aus zugänglich. Eine Wendeltreppe, an der Hofseite in die Mauerdicke eingelassen, verband die fünf oberen Stockwerke. Das achteckige Dachgeschoss mit den Ausguckerkern diente als Aufenthaltsraum für den Turmwächter.

*Die Burg Katz aus der Vogelperspektive*

Die übrigen Stockwerke waren bewohnbar und enthielten sogar einen Kamin. Der Bergfried und der Treppenturm am Palas sowie das Gebäude für Küche und Backstube engten den Platz innerhalb der Wehrmauern zusätzlich ein, zumal sich in der Mitte des Burghofs noch der Brunnen für die Trinkwasserversorgung befand.

Die Besatzung bestand aus dem Kommandanten, im Mittelalter Burggraf genannt, und 50 bis 80 Kriegsknechten. In unruhigen Zeiten forderte man Verstärkung an, die im Ort von den Bürgern kostenlos untergebracht und verpflegt werden musste. Napoleon ließ 1806 die Burg sprengen, doch erstand sie um die vorletzte Jahrhundertwende neu. Spätere Anbauten der verschiedenen Besitzer verfälschen das mittelalterliche Gesamtbild. Eine Besichtigung der Burg Katz ist nicht möglich.

# St. Goarshausen

19

Das Fischerdorf gelangte 1284 in den Besitz der mächtigen Grafen von Katzenelnbogen. Gleich nach der Erhebung zur Stadt (1324) begannen die knapp 200 Einwohner mit dem Bau einer Wehrmauer. Die Stromseite deckte eine 230 m lange, 11 m hohe Anlage, die gleichzeitig vor Hochwasser und Eisgang schütze.

Der Ostturm und der Marktturm sind noch erhalten. Sie flankierten die Rheinfront und deckten gleichzeitig die beiden Stadttore. Von ihnen aus verliefen die Mauern bergabwärts und bildeten mit der Katz als oberem Eckpunkt ein Verteidigungsdreieck. Die Stadt selbst bestand aus zwei

*Partie an der Rheinpromenade von St. Goarshausen*

Häuserreihen an der einzigen Straße, mehr Raum blieb nicht zwischen Strom und Fels. Schmucke Fachwerkhäuser zieren noch heute die „Große Burggasse".

Die Wohnhäuser Nr. 41-43 gewann man durch Umbau aus dem ehemaligen Rathaus (1532), das auch die Schule und eine Lehrerwohnung enthielt. Der Platz davor, der Plan, war als Marktplatz Mittelpunkt des geselligen Lebens. Beim Haus Nr. 44 zweigt eine Schiefertreppe ab, die zur alten Kirche mit Kirchhof führt. Der runde Marktturm trägt eine originelle Wetterfahne. Er steht auf dem Schwemmboden des Forstbachs und hat sich im Laufe der Jahrhunderte zum schiefen Turm von St. Goarshausen entwickelt. Seine Neigung nach Osten beträgt inzwischen schon 41 cm, die nach Norden sogar 63 cm.

Der quadratische Ostturm stand unmittelbar auf dem Verlies, wurde jedoch beim Bau der Straße zugeschüttet, so dass die Einstiegöffnung zum 1. Obergeschoss heute ebenerdig liegt. Die vier bewohnbaren Stockwerke des Turms brannten 1873 aus.

Die burgengeschichtlich bedeutsame Ruine der Reichenberg (14. Jh.) finden wir am Hang des Hasenbachtals, 4 km von St. Goarshausen. Es ist die dritte Burg der Katzenelnbogener in diesem Gebiet. Eine breite Schildmauer spannt sich zwischen zwei Rundtürmen. Die Reste des dreigeschossigen Saalbaus muten fast antik an: Weil die Decken zusammengebrochen sind, stehen dreimal je drei Säulen aufeinander und tragen eine hohe Kreuzwölbung.

*Keine Innenbesichtigung wegen Einsturzgefahr.*

*Burg Katz*

# 20 St. Goar

Eine Autofähre verbindet die Schwesternstädte St. Goarshausen und St. Goar. Beide verdanken ihren Namen dem heiligen Goar, der im 6. Jahrhundert am Platz der heutigen Stiftskirche von St. Goar als Einsiedler lebte und eine Kapelle erbaute. Aus der Zelle des Heiligen entwickelte sich vor 765 eines der ältesten Klöster Deutschlands. Im 12. Jahrhundert erwarben die Katzenelnbogener die Vogtei über das Kloster und die Siedlung sowie den St. Goarer Rheinzoll.

Als Festungsstadt wurde der Ort des öfteren in kriegerische Auseinandersetzungen verwickelt, so bei den erfolglosen Be-

*Blick über den Rhein auf die Stiftskirche in St. Goar*

lagerungen von 1255/56, 1320, 1322 sowie mehrfach im Dreißigjährigen Krieg und besonders im Siebenjährigen Krieg, als durch die Explosion eines Pulverwagens (1759) und die

*Darstellung des heiligen Goar*

Brandstiftung irischer Soldaten (1761) insgesamt 81 Wohnhäuser, das Hospital und das Rathaus zerstört wurden. Vom zinnenbekränzten Turm der Stiftskirche gelang dem Bürgerschützen Kretsch ein sagenhafter Meisterschuss: Er verwundete den französischen General Tallard so schwer, daß sein Heer die Belagerung aufgab.

Unter dem Altar der Stiftskirche befindet sich die Krypta, wegen Hochwassergefahr oberirdisch angelegt, die bis zur Reformation ein bevorzugter Wallfahrtsort war. Das Innere der Kirche zieren gotische Wandmalereien und zierliche Netzgewölbe, eine sehenswerte Pfeilerkanzel und drei hervorragende Grabdenkmäler für den Landgrafen Philipp II. von Hessen-Rheinfels (gest. 1583) und seine Gemahlin sowie für Gräfin Adelheid von Katzenelnbogen (gest. 1329).

Die kleinere katholische Pfarrkirche enthält ein Goar-Epitaph (14. Jh.), das einst in der Krypta als Deckplatte der Tumba diente. Ein gotisches Triptychon (um 1470) aus der Schule des Hausbuchmeisters ist Zentrum des wertvollen Hochaltars. Als Glockenturm dient das ehemalige Koblenzer Tor, in dem die älteste Goar-Darstellung auf dem Schlussstein des Kreuzgewölbes, ehemals

*Rheinfähre St. Goar*

*St. Goar mit Hafen und der Burgruine Rheinfels*

in der Stiftskirche, eingelassen ist. Lediglich an der Bergseite sind noch Teile der mittelalterlichen Stadtmauer erhalten, überragt vom Hexenturm und dem Kanzleiturm. Beide erheben sich auf unregelmäßigem Grundriss und waren stadtseits offen.

Alljährlich am dritten Samstag im September veranstalten die Schwesternstädte das Großfeuerwerk Rhein im Flammen. Die Städte und ihre Burgen werden bengalisch beleuchtet, auf den Türmen der Burgen werden die Feuerwerkskörper gezündet.

# 21 Burg Rheinfels

Ab 1245 entstand die Kernburg unter Graf Dieter V. von Katzenelnbogen. Bereits zehn Jahre später bestand sie ihre erste Bewährungsprobe, als wegen der Erhöhung des Rheinzolls ein Heer des Rheinischen Städtebundes mit 9.000 Bewaffneten vor die Burg zog. Nach 40 abgewiesenen Stürmen und über einem Jahr Belagerungszeit musste es sich unverrichteter Dinge zurückziehen. Unter dem Grafen von Katzenelnbogen wurde die Rheinfels ein Zentrum wirtschaftlicher Macht und kulturellen Lebens. Nach dem Aussterben der

*Urturm und hohe Batterie der Burg Rheinfels*

*Blick auf die Kernburg mit dem hohen Darmstädter Bau*

mächtigen Grafenfamilie gelangten 1479 die Landgrafen von Hessen in den Besitz der Rheinfels und bauten sie ab dem 15. Jahrhundert durch die Anlage von Außenwerken und Minengängen zur Festung sowie durch neue Wohngebäude zum prächtigen Renaissanceschloss aus. Im pfälzischen Erbfolgekrieg widerstand die Rheinfels 1692/93 mit 4.000 Mann Besatzung als einzige Festung am Rhein den Angriffen eines französischen Heeres von 28.000 Soldaten nebst 56 Geschützen. 1758 geriet die inzwischen verwahrloste Rheinfels erstmals in feindliche Hände, als die Besatzung vor einer französischen Truppe kampflos kapitulierte. Abermals im Jahre 1794 übergab ein schwacher Kommandant trotz guter Ausrüstung und 3.200 Mann Besatzung die Festung kampflos an schlecht ausgerüstete französische Revolutionstruppen. Er wurde dafür später zum Tode verurteilt. 1797/98 sprengten die Franzosen die Festungswerke und das Schloss. Die Ruine der

Festung wurde als Steinbruch u.a. zum Wiederaufbau der Ehrenbreitstein bei Koblenz benutzt. Der Prinz von Preußen kaufte 1843 die ehemalige Burg und verhinderte damit ihren endgültigen Verfall.

Ein Gang durch die breitgelagerte Ruine mit ihrem Gewirr von mehrstöckigen Wehrgängen und unterirdischen Minengängen vermittelt einen imposanten Eindruck vom einst mächtigsten Festungswerk am Rhein. Die Minengänge unter den Vorwerken wurden in Kriegszeiten mit Pulver präpariert. Eingedrungene Feinde konnten auf diese Art in die Luft gesprengt werden. Ein Besuch im gutausgestatteten Burgmuseum ergänzt den

*Aus der Luft wird die Dimension der Burg Rheinfels besonders deutlich*

Überblick über das einstige Ausmaß der Gesamtanlage. Ein Modell der Festung verdeutlicht die Stärke der Verteidigungsstellung vor allem zur Hauptangriffsseite gegen Westen. Eine genaue Rekonstruktion der Bauten war möglich, weil um 1607 der Landvermesser Schäfer, genannt Dilich, im Auftrag des Landgrafen Moritz detaillierte farbige Ansichten sowie Schnitte und Grundrisse der Anlage fertigte.

*Besichtigung April bis Oktober, auch ohne Führung. Führungsdauer 1,5 Stunden. Parkplatz bei der Burg. Aufstieg ab St. Goar 15 Minuten.*

# 22 Burg Maus über Wellmich

In Sichtweite der Burg Katz erhebt sich über St.-Goarshausen-Wellmich die Burg Maus. Diesen Spitznamen gab ihr der Volksmund in Anspielung an den benachbarten Bau der mächtigen Katzenelnbogener, die nur auf eine günstige Gelegenheit zu warten schienen, sich die Maus einzuverleiben. Die Burganlage, 1356 unter dem Trierer Erzbischof Kuno von Falkenstein fertiggestellt, galt als eine der fortschrittlichsten und wehrhaftesten ihrer Zeit. Die

*Blick über den Rhein auf Wellmich und die Burg Maus*

Thurnburg oder Theuerburg, wie sie eigentlich hieß, diente zeitweise den Erzbischöfen von Trier als Wohnburg. Im Zuge der Entfestigung des Rheins ließ Napoleon den Bau 1806 sprengen. Glücklicherweise wurde die großartige Anlage in den Jahren 1900-1906 nach alten Plänen wiederhergestellt.

Die Außenmauer auf fast quadratischem Grundriss verstärkt sich gegen den Halsgraben an der Bergseite zur Schildmauer, überragt vom mächtigen runden Bergfried an ihrer Außenseite. Gegenüber erhebt sich ein vierstöckiger Wohnturm. Ebenso wie beim benachbarten stattlichen Palas betonen Eckerker die Wehrhaftigkeit des Bauwerks. Zusammen mit dem zierlichen Rundbogenfries sind sie gleichzeitig reizvolle Schmuckelemente der harmonisch ausgewogenen Anlage. Die wertvolle Inneneinrichtung und umfangreiche Sammlungen aus der Zeit des Wiederaufbaus machen eine Besichtigung empfehlenswert. Auch der prächtige Talblick lohnt den steilen Aufstieg.

*Besichtigung auf Anfrage. Auffahrt ab Wellmich. Fußweg 25 Minuten.*

Der kleine Ort Wellmich ist heute Stadtteil von St. Goarshausen. Er besaß schon bei der Fertigstellung der Burg im Jahr 1356 Stadtrechte. Etwa gleichzeitig entstand die gotische Pfarrkirche, eine der schönsten am Mittelrhein, mit einem herrlichen Altarraum. Von den spätgotischen Plastiken ist besonders eine Pieta (um 1450) beachtenswert. Das Fresko mit einer Darstellung des Jüngsten Gerichts stammt ebenfalls aus dem 15. Jahrhundert. An der äußeren Sakristeiwand finden wir eine Kreuzigungsgruppe in bemaltem Sandstein.

Rheinabwärts folgt rechts gegenüber Hirzenach die Gemeinde Kestert. Hier führen Wanderwege zum Aussichtspunkt Hindenburghöhe. Rheinabwärts passieren wir die kleine Stadt Bad Salzig, bekannt als Kurort mit Thermalquellen und einer modernen Kurklinik.

*Fresko aus der gothischen Stadtkirche Kuno von Falkenstein*

23

# Kamp-Bornhofen und die feindlichen Brüder

Vorbei an den Burgen Sterrenberg und Liebenstein, genannt die feindlichen Brüder, erreichen wir Kamp-Bornhofen. Bei der Auffahrt zu den Burgen kommen wir am Kloster Bornhofen (1679 bis 1684) vorbei. Die alte Wallfahrtskirche (13. Jh.) erhielt zu Beginn des 15. Jahrhunderts ihre heutige Form. Ein Passionsgemälde zeigt als Stifter Angehörige von rheinischen Adelsfamilien. Nachdem die Kirche zu Beginn unseres Jahrhunderts für den Pilgerstrom nicht mehr ausreichte, legten die Franziskaner 1912 einen herrlichen Pilgerplatz an der Nordseite an, 1932/33 einen noch größeren mit 5.000 Plätzen.

*Wallfahrtskirche Bornhofen und Gnadenbildaltar*

Das einst reiche Inventar des Klosters verschenkte der Herzog von Nassau 1813 an die Pfarrkirche St. Bonifatius in Wiesbaden. Lediglich das Gnadenbild blieb erhalten. Die teilweise weiß getünchte Burg Sterrenberg entstand im 11. Jahrhundert als Reichsburg. 1248 verfügte der Burggraf von Sterrenberg, das 30 m über der Feste gelegene Holzhaus als Vorwerk auszubauen; daraus entstand die Burg Liebenstein.

Gleichzeitig ließ der Burggraf die 2,5 m dicke äußere Schildmauer zwischen Burg und Vorburg errichten. Ursprünglich zur besseren Verteidigung der Doppelanlage erbaut, scheint sie doch auf den ersten Blick gegen die Liebenstein gerichtet. Das brachte ihr den Namen Streitmauer ein. Auch die jüngere Burg weist nach der Sterrenberg zu einen Graben und verstärkte Mauern mit Geschützscharten auf. Kein Wunder also, dass die

*Burg Sterrenberg - Sie wurde im 11. Jh als Reichsburg erbaut*

Burgen im Volksmund die feindlichen Brüder wurden. Die Sterrrenberg war durch ihre Lage auf steiler Felsspitze nach drei Seiten vor Angriffen geschützt, die vierte sicherten zwei Schildmauern, ein Halsgraben und Tore. Dennoch wurden die Gebäude schon 1568 als verfallen bezeichnet und als Steinbruch verwendet. Umbauten in neuerer Zeit ermöglichen die Nutzung beider Burgen als Restaurants. Die Sterrrenberg erhielt vor einigen Jahren ihre ursprünglichen Farben, weiß mit rot abgesetzten Werksteinen. Nach dem Aussterben der Schenken von Liebenstein gelangte die jüngere Burg 1783 als nassauisches Lehen an Freiherrn Baron von Preuschen, dessen Erbnachfolger sie noch heute in Besitz haben.

*Besichtigung beider Burgen täglich. Parkplätze bei den Burgen. Fußweg ab Bornhofen 30 Minuten.*

Der Ortsteil Kamp, 1138 erstmals erwähnt, stand bis etwa 1315 unter der Oberhoheit des Reiches. Dann gelangten Ort und Burgen in den Besitz von Kurtrier, wo sie bis 1802 verblieben. Historische Fachwerkhäuser zieren den Ortskern, besonders die Rheinuferstraße und die Kreuzstraße. Von der mittelalterlichen Bausubstanz der Pfarrkirche St. Nikolai (1251) blieb lediglich der Turm erhalten.

Der Rest wich 1902 einem Neubau in neugotischem Stil. Die Kanzel stammt noch aus dem alten Kirchenbau. Gegenüber dem Hauptportal von St. Nikolai erkennen wir das schöne Portal der Augustinerinnenklause mit einer Statue des hl. Augustinus. Die Zahl 1732 gibt das Jahr an in dem das damalige Kloster seine heutige Gestalt erhielt. Es wurde 1802 aufgelöst. In der Von-der-Leyenstraße befindet sich der „Von der Leyensche Hof", ein typischer Vertreter des rheinischen Renaissance-Baustils.

*Von der Leyensche Hof - typischer Bau der rheinischen Renaissance*

# 24 Boppard

Schräg gegenüber von Kamp-Bornhofen liegt kurz vor der engen Rheinschleife die alte Reichsstadt Boppard. Im 4. Jahrhundert ersetzten die Römer ihr Erdkastell durch eine steinerne Festung mit 28 Türmen, die jedoch bald von germanischen Völkern überrannt wurde. Die ehemals freie Reichsstadt wurde 1327 vom Kurfürsten Balduin von Trier unterworfen, nachdem König Heinrich VII. sie 15 Jahre zuvor dem Kurfürsten, seinem Bruder, verpfändet hatte. Sogleich ließ Balduin die kurtrierische Burg errichten und zwang damit die widerstrebenden Bewohner unter seine Herrschaft.

*St.-Severus-Kirche (1150 –1326) in Boppard*

Ein Rundgang durch die sehenswerte Stadt könnte bei der Karmeliterkirche (ab 1319) in der Rheinallee beginnen. Sie enthält 2 Altäre aus dem 17. Jahrhundert, zahlreiche Grabmäler einheimischer Adelsfamilien und eine Muttergottes-Plastik (1330), genannt Traubenmadonna. Die Grabplatte eines Kindergrabes aus dem 5. Jahrhundert, der Armeniusstein, ist eines der ältesten christlichen Denkmäler. Das Barockgebäude oberhalb wurde als Kloster 1730 fertiggestellt und dient heute der Stadtverwaltung. Der Kreuzgang umschließt einen geräumigen Innenhof, geziert durch eine wasserspeiende germanische Säule. Die Karmeliter- und die Oberstraße führen uns zur Kirchgasse.

*Die Rheinfront von Boppard*

Der gotische Torbogen links gehörte zum Danzhus (15. Jh.). Bei der Einmündung in die Angertstraße entdecken wir Reste des Kastells Bodobrica (4.Jh.). Ein Rechteck von 308 m Länge und 154 m Breite bildete das Militärlager, in dem eine Artillerieeinheit untergebracht war. 28 Rundtürme waren in die 9 m hohen Mauern eingebunden. Auf einer Länge von 55 m wurde 1990/91 eine 8 m hohe Mauer in ausgezeichnetem Originalzustand freigelegt. Im spätantiken Laufhorizont der heutigen Rasenfläche wurden mehr als 30 frühchristliche Gräber aus der 2. Hälfte des 7. Jahrhunderts freigelegt, 3 von ihnen sind nahe des östlichen Turms erhalten. Wir folgen dem Straßenzug nach links bis zum Binger Tor, einem Teil der mittelalterlichen Stadtbefestigung.

Auf einer Anhöhe erblicken wir den Barockbau des ehemaligen Frauenklosters Marienberg (1740). Die Casinostraße führt uns hinunter zur Rheinallee, der wir stadteinwärts folgen. Eine starke Mauer, genannt Eisbrech, verband das Sandtor mit dem Strom. Das benachbarte gotische Burghaus bewohnten einst die Ritter von Schwalbach, deren Grabmäler uns in der Karmeliterkirche aufgefallen sind. Wir passieren das frühere Franzis-

*Altes Mühlrad*

kanerkloster (17. Jh.) und ein stattliches Barockhaus mit Wappen am Balkongitter. Von der kurtrierischen Burg ist lediglich der Bergfried aus der Gründungszeit erhalten. Die Grabtafeln und die Figurengruppe im Innenhof stammen aus der St.-Severus-Kirche. Die Burg enthält heute ein Museum. An ihrer Rückseite

*Der Sessellift führt zum Aussichtspunkt Vierseenblick*

entdecken wir in der Burggasse auf 15 m Länge Reste der Römermauer am Hotel Römerburg. Über die Untere Marktstraße gelangen wir zur St.-Severus-Kirche. Das Gotteshaus enthält ein Deckenbild aus der Zeit um 1200 sowie ein künstlerisch wertvolles Triumphkreuz über dem Altar (13. Jh.). Durch Kronengasse und Kronentor gelangen wir, vorbei an malerischen Fachwerkbauten, zurück zur Rheinallee. Eine Seilbahn führt zu einem der berühmtesten Aussichtspunkte am Rhein, dem Vierseenblick. Während der Fahrt genießen wir den einmaligen Ausblick auf die größte Rheinschleife.

*Die große Rheinschleife bei Boppard aus der Vogelperpektive*

# 25 Braubach und die Marksburg

Der Strom und mit ihm Straßen und Bahnlinien ziehen ab Boppard eine enge Schleife. Am Ende der steilen Rechtskurve liegt der Ort Osterspai. Er besitzt ein kleines, festes Burghaus aus dem 13. Jahrhundert, sein bis heute erhaltener Wohnturm entstand im folgenden Jahrhundert. Das Barockschloss über dem Dorf heißt Liebeneck (17. Jh.). In der Höhe von Spay, links, gewinnt der Rhein nach einer Linkskurve die nordwestliche Richtung zurück.

*Braubach mit der Marksburg aus dem 12. Jahrhundert*

Rechts grüßt von einem bewaldeten Bergkegel die imponierende Marksburg oberhalb der Stadt Braubach. Grabfunde lassen auf eine Besiedlung ihres Gebietes seit 500 v. Chr. schließen. Erstmals erwähnt wurde sie im 13. Jahrhundert. Erbauer der Burg und Besitzer der Stadt waren im 12. Jahrhundert die Herren von Eppstein, die das Amt als pfälzisches Lehen erhalten hatten. Ihre Nachfolger wurden 1283 die mächtigen Grafen von Katzenelnbogen, die auch den Braubacher Zoll (bis 1325) vereinnahmten. Mit ihrem Aussterben 1479 gelangte ihr Besitz an die Landgrafen von Hessen (bis 1803). Die Philippsburg am

*Braubachs Obertor*

Südeingang der Stadt ließ Philipp II. von Hessen-Rheinfels 1568-1571 als seine Nebenresidenz errichten. Nach seinem Tod diente sie seiner Witwe als Ruhesitz. Den Höhepunkt ihrer Bedeutung erlangte sie nach 1643, als Johann der Streitbare von Hessen-Eppstein-Braubach hier glanzvollen Hof hielt. Toreinfahrten führen in den romantischen Innenhof des reizvollen Anwesens. In der Philippsburg befindet sich das Europäische Burgeninstitut. Es beherbergt eine einmalige Bibliothek mit über 25.000 Bänden aus dem Gebiet der Burgenkunde.

Am Rheinufer erfreut die berühmte Rosenanlage den Besucher. Der Turm der frühgotischen Barbarakirche (14. Jh.) wurde um 1200 errichtet und gehörte zur Stadtbefestigung. Eingebaute Kamine und Sitzbänke lassen darauf schließen, dass er einst bewohnt war. Die Wehranlage der Stadt schloss die Marksburg ein. Im Ort sind das Obertor, der Pankgrafenturm und Teile der Wehrmauer erhalten. Alte Winkel und malerische Gassen mit reizvollen Fachwerkhäusern begegnen uns im Ortskern.

Durch die Neuordnung Deutschlands unter Napoleons Herrschaft kam das bis dahin hessische Amt Braubach 1803 zum Herzogtum Nassau, 1866 zu Preußen. Im Jahr 1900 verkaufte das Land Preußen die Marksburg für 1.000 Reichsmark an die Deutsche Burgenvereinigung, der die Anlage noch heute gehört. Ihre bevorzugte Lage auf einem hohen, bewaldeten Bergkegel ließ wohl einen Angriff nicht sehr erfolgversprechend erscheinen.

Jedenfalls wurde sie trotz ihrer strategisch günstigen Lage am Rhein nie umkämpft oder belagert und blieb daher als einzige Rheinburg aus der Ritterzeit erhalten. Vergitterte Fenster erinnern daran, dass sie unter hessischer und nassauischer Verwaltung lange Zeit als Staatsgefängnis diente.

Zu Fuß ab Braubach oder dem ausgedehnten Parkplatz unterhalb der Burg gelangen wir zunächst an das äußere der vier Tore, das Zugbrückentor. Im 17. Jahrhundert wurde es durch die Anlage des 25 m langen, zur besseren Verteidigung geknickten Tunnelgangs mit mächtigen Tonnengewölben bedeutend verstärkt. 7 Geschütze bildeten zudem gute Voraussetzungen für eine weitreichende Verteidigung. Der Zwinger führt zum

*Die Marksburg – einzig erhaltene Ritterburg am Rhein*

Fuchstor (14. Jh.), das mit einer Ausfallpforte versehen ist. Unter der Holzbrücke, die man bei Gefahr entfernen konnte, befand sich die Wolfsgrube. Durch den inneren Zwinger kommen wir zum Schartentor mit dem Burgvogtturm, der Wohnung des Burgvogts. Eine in den Fels gehauene Reitertreppe führt unter der Großen Batterie hindurch und mündet im Batteriehof. Eine eiserne Pforte gewährt schließlich Einlass in den dreieckigen Innenhof der Kernburg. In seiner Mitte erhebt sich der 39 m hohe Bergfried. Sein Unterbau auf quadratischem Grundriss von 6 x 6 m entstand mit der ersten Burganlage um 1200, der schlanke Aufsatz im 14. Jahrhundert. Der Eingang in 8 m Höhe war ursprünglich nur über eine Leiter möglich. Gefangene ließ man durch das Angstloch in das 6 m tiefer gelegene Verlies. Den romanischen Palas an der Nordseite stockte man nach dem

Brand von 1705 auf. Im Kellergeschoss, dem ehemaligen Pferdestall, gibt die Burgenvereinigung Einblick in die Rechtsprechung des Mittelalters, verbunden mit einer Sammlung von Folter- und Strafgeräten. Nach rechts schließt sich der 27 m lange gotische Saalbau an. Er beherbergt die eindrucksvolle Burgküche mit dem imponierenden offenen Kamin. Tiefe Fensternischen lassen uns die Dicke der Schildmauer als

*Burgküche im gotischen Saalbau. Am riesigen offenen Kamin konnte man einen ganzen Ochsen am Spieß garen*

Außenwand erkennen (3 m stark). Im Obergeschoss befanden sich die Kemenaten und der 65 m große Rittersaal, mit Aborterkern in der Außenwand versehen. Die Rheinseite bildet ein Fachwerkbau, der nach 1705 anstelle von Backhaus, Burgbrunnen und Zisterne entstand. Hier sind eine Webstube und eine Rüstkammer - mit Lehrschau „Entwicklung der Rüstung" - untergebracht. Das 1. Obergeschoss des Kapellenturms (um 1200) bildet die Markuskapelle, der die ehemalige Burg Braubach ihren heutigen Namen verdankt.

Im oberen Zwinger haben die heutigen Besitzer einen Kräutergarten angelegt mit sämtlichen Gewürz- und Heil-

*Rüstkammer. Lehrschau mit mittelalterlichen Rüstungen und Waffen*

kräutern des Mittelalters, die unter anderem auch für Hexen- und Zaubertrünke Verwendung fanden. Die Außenwerke „Pulvereck" und „Scharfes Eck" verstärkten ab dem 17. Jahrhundert die Burg. Nach 1900 ließ die Burgenvereinigung die gesamte vernachlässigte Anlage nach Stichen des Landvermessers Dilich restaurieren. Oberhalb des Zugbrückentors - abseits der Kernburg - richtete sie eine Burgschenke ein.

*Besichtigung täglich. Fußweg ab Braubach 25 Minuten, ab Parkplatz 5 Minuten.*

Marksburg

## 26 Der Königsstuhl bei Rhens

Unterhalb von Braubach liegt auf der linken Rheinseite die kleine Stadt Rhens, einst an der Vierländerecke der rheinischen Kurfürsten gelegen. In einem Baumgarten wählten die Erzbischöfe von Köln, Mainz und Trier sowie der Kurfürst von der Pfalz im Jahr 1273 Rudolf von Habsburg zum Kaiser. Berühmt wurde der Ort durch den Kurverein von Rhense, der sich 1338 darauf einigte, dass ein von Kurfürsten gewählter König keine Bestätigung durch den Papst mehr brauchte. So wählte man in Rhens 1346 Karl IV. zum König, im Jahr 1400 – als letzten – Ruprecht von der Pfalz. Am Rheinufer hatte man Ende des 14. Jahrhunderts 300 m unterhalb der Stadt ein Bauwerk errichtet, den Königsstuhl.

Die Nachfolger Ruprechts, in Frankfurt gewählt, zeigten sich hier vor ihrer Krönung in Aachen dem Volk und leisteten den Treueeid. Das Bauwerk wurde Anfang des 19. Jahrhunderts abgerissen, 50 Jahre später wiederhergestellt. Der Neubau, heute auf einer Anhöhe bei der Straße Rhens-Waldesch, folgt dem mittelalterlichen Original in den Grundzügen und kann als Denkmal deutscher Geschichte gelten.

## 27 Schloss Stolzenfels

Gegenüber der Lahnmündung grüßt von einer Berghöhe oberhalb des Ortes Kapellen das Schloss Stolzenfels. Der Trierer Erzbischof Arnold von Isenburg (1242-1259) ließ die Burg erbauen, nachdem wenige Jahre zuvor der Kurfürst von Mainz die Burg Lahneck gegenüber hatte errichten lassen. Beide Festen erhielten im 14. Jahrhundert das Recht auf Erhebung des Rheinzolls. Während der erfolglosen Belagerung der Festung Koblenz 1688/89 wurde die Stolzenfels von den Franzosen eingeäschert und blieb Ruine und Steinbruch. Die Stadt Koblenz schenkte sie

1823 dem Kronprinzen Friedrich Wilhelm von Preußen, der sie nach Plänen des berühmten Baumeisters Schinkel ausbauen ließ. Der mittelalterliche Baubestand mit Bergfried, Rheinbau, Umfassungsmauern und Zwinger blieb weitgehend erhalten, doch schuf Schinkel mit den Gebäuden an der Bergseite eine symetrische Anlage. Die flachen Dächer sind nach englischem Stil von Zinnen verdeckt. Das Bauwerk gilt als Musterbeispiel rheinischer Spätromantik.

Die Wohnung des Preußenkönigs und seiner Gemahlin erstreckte sich im 1. Obergeschoss über beide Flügel. Noch heute können wir in den sieben Räumen wertvolles Mobiliar bewundern, auch kostbare ältere Stücke, wie den kunstvoll gearbeiteten Schreibschrank des Kurfürsten von Trier (um 1700). Breite Stufen führen vom Schlosshof durch die Arkadenhalle in den südlich anmutenden Pergolagarten mit einem Springbrunnen und dem Adjutantenturm (14. Jh. ) an seinem Ende. Eine Pforte führt zur großen Rheinterrasse. Den Brunnen krönt ein preußischer Adler. Das äußere Wandgemälde zeigt den Empfang des im Jahr 1400 in Rhens zum König gewählten Ruprecht von der Pfalz. Außerhalb des Schlosskomplexes lässt das Klausengebäude (1843) mit Dienerwohnungen, Stallungen und Remisen den Einfluss englischer Spätgotik erkennen.

*Fußweg 15 Minuten ab Kapellen über romantischen Serpentinenweg mit Viadukt. Besichtigung ganzjährig, außer im Dezember. Montags geschlossen.*

*Schloss Stolzenfels (13. Jh.) – Anlage im engl. Stil der rheinischen Spätromantik.*

# 28 Burg Lahneck und Lahnstein

Das Gebiet an der Lahnmündung war um 3.000 v. Chr. bereits besiedelt. Um das Jahr 1000 kam der Ort Lahnstein (Oberlahnstein) durch eine Schenkung Ottos II. zum Erzbistum Mainz, Niederlahnstein hingegen zum Erzbistum Trier. Die kurmainzische Burg Lahneck entstand um 1240 als nördlichste Bastion des Landes. Im 15. Jahrhundert verstärkte man die Burg zum Schutz gegen die aufgekommenen Feuerwaffen durch einem äußeren Mauerring mit 5 Türmen. 1688 von den Franzosen zerstört, wurde die Burg ab 1852 unter Wahrung des alten Bestandes in neugotischem Stil wieder aufgebaut. Sie besitzt eine reizvolle Kapelle, einen sehenswerten Rittersaal sowie wertvolle Bilder und Möbel. Vom Bergfried genießen wir einen herrlichen Rundblick.

*Wirtshaus an der Lahn in Niederlahnstein*

Daneben besitzt Oberlahnstein am Rheinufer eine zweite Burg, im 14. Jahrhundert von Kurmainz als Zollburg errichtet. Ältester Teil der Martinsburg ist der sechseckige Bergfried. Von der Stadtbefestigung sind einige Reste erhalten, der Hexenturm birgt heute einen historischen Versammlungsraum und ein Museum. Um 1160 entstand der romanische Salhof. In der Hochstraße findet sich noch eine Anzahl historischer Bürgerhäuser, aber auch das alte Rathaus (um 1507), ein gotischer Fachwerkbau. Das Erdgeschoss besteht aus einer offenen Laube. Sie war ehemals Gerichts- und Markthalle. Niederlahnstein, seit 1969 Teil der Stadt Lahnstein, besitzt mit der romanischen Johanniskirche (von 1130) die älteste Emporenkirche am Mittelrhein. In der Johannesstraße liegt der Märkerhof der Nassau-Sporkenburger (14. Jh). Am Lahnufer steht der romanische Dietkirchener-Hof (Heimbachhaus) von 1170. Etwas jünger, dafür um so berühmter, ist das Wirtshaus an der Lahn (1697), von dem schon Goethe berichtete. Der turmartige Vorbau, ehemals eine Zollstelle der Kurfürsten von Trier, lässt sich in seinem unteren Teil auf das Jahr 1348 datieren. Im Park am Ostausgang des Stadtteils versteckt sich der Arnsteiner Hof (16. Jh.), mit einer zierlichen gotischen Kapelle. Oberhalb des Stadtgebiets von Lahnstein entstand 1971 ein modernes Kurzentrum.

*Besichtigung Burg Lahneck April bis Oktober. Restaurant ganzjährig geöffnet. Freilichtspiele August/September. Burgparkplatz. Fußweg ab Haltestelle 20 Minuten.*

*Von den Kurfürsten von Mainz errichtet – die Martinsburg in Oberlahnstein*

# 29 Koblenz und die Festung Ehrenbreitstein

Die befestigte Römerstadt Confluentes gewann nach dem Fall des Grenzwalles Limes große strategische Bedeutung als Grenzfeste. Pfahlbrücken über die Mosel und den Rhein schufen Verbindungen zu den angrenzenden Gebieten. Die Franken errichteten anstelle der zerstörten Römersiedlung einen Königshof (5. Jh.). Durch eine Schenkung kamen Koblenz und die Burg Ehrenbreitstein im Jahr 1018 an das Erzstift Trier. 1138 wurde in Koblenz Konrad III. von Hohenstaufen zum Kaiser gewählt, 1338 ein Fürstentag abgehalten. Bei der vergeblichen Belagerung durch Heere Ludwigs XIV. verlor Koblenz zwei Drittel seines Baubestandes, dennoch machten sie die Erzbischöfe zu ihrer Residenz. Unter preußischer Herrschaft (ab 1815) baute man die Stadt zur Festung aus, das kurfürstliche Schloss zur Nebenresidenz. Seit 1962 Großstadt, beherbergt Koblenz heute eine bedeutende Garnison und hat sich einen Namen als Wein- und Fremdenverkehrsstadt gemacht.

*Deutsches Eck – Landzunge am Zusammenfluss von Mosel und Rhein*

Die insgesamt 8 km langen Uferanlagen von Rhein und Mosel treffen sich am Deutschen Eck, dem Ausgangspunkt eines Rundgangs durch die Altstadt. Die Stelle an der Moselmündung erhielt ihren Namen nach 1216, als die Deutschordensritter ganz in der Nähe eine Niederlassung gründeten. In einer reizvollen Gartenanlage liegt das noch erhaltene Kompturhaus. Die St.-Kastor-Basilika, geweiht 836, gehört zu den eindrucksvollsten romanischen Kirchenbauten und beherbergt reiche Kunstschätze. In der Kastorstraße fällt ein zinnenbekränzter Wohnturm auf, der Deutsche Kaiser.

*Die Alte Burg (ab 13. Jh.) in Koblenz*

Wo heute das Pfarrhaus von Liebfrauen steht, befand sich ehemals ein Königshof (5. Jh.). Die Türme an seiner Rückseite sind Reste der römischen Stadtbefestigung (4. Jh.). Ein weiterer römischer Turm ist in der Mauer des gotischen Chores der Florinskirche (12. Jh.) zu erkennen. Die markantesten Bauten des romantischen Moselufers sind die alte Burg (ab 13. Jh.), heute Stadtbibliothek, und die elfbogige steinerne Balduinbrücke, erbaut unter Kurfürst Balduin (1307-1354). Romanik, Gotik und Barock vereinen sich in der Liebfrauenkirche im Herzen der Altstadt zu ungeahnter Harmonie. Reizvolle Fassaden bieten sich dem aufmerksamen Betrachter u. a. am Alten Kaufhaus, am Plan und in der Löhrstraße dar. Eines der Wahrzeichen der Stadt finden wir im Innenhof des Rathauses, ehemals Jesuitenkolleg: den Schengelbrunnen (1940) mit einer wasserspeienden Bronzefigur, einen Koblenzer Jungen darstellend. Das weiträumige Schloss bei den Rheinanlagen ließ Kurfürst Clemens Wenzelslaus 1786 im Stil des Klassizismus erbauen.

*Festung Ehrenbreitstein – Denkmal des Heeres*

An der Rheinuferanlage nahe der Rheinbrücke schuf die Stadt 1925 eine weitere touristische Attraktion, das Weindorf. In der originalgetreuen Nachbildung eines Winzerdorfes genießen Besucher aus aller Welt in romantischer Umgebung inmitten rhein-moselländischer Fröhlichkeit die edelsten Produkte deutscher Winzer. Von ihrer 118 m hohen Terrasse gegenüber der Moselmündung beherrschte die Burg und Festung Ehren-

*Festung Ehrenbreitstein - zur Sicherung der Moselmündung ab 1817 erbaut*

breitstein das Rheintal an dieser strategisch wichtigsten Stelle. Erbauer der ersten Burg war Ende des 10. Jahrhunderts ein Ehrenbert, Adliger vermutlich aus salisch-karolingischem Haus. Ab dem 16. Jahrhundert ließen die Trierer die Anlage zu einer Festung ausbauen, die bis um 1800 als uneinnehmbar galt. 1688 und 1794-1799 wurden fünf Belagerungen durch französische Truppen abgewiesen. Ende 1799 gelang ihnen dann doch durch Aushungern die Einnahme der Festung, die sie mit Hilfe von 30.000 Pfund Pulver schleiften. Die heutige Anlage entstand ab 1817 unter preußischer Führung im Stil des Klassizismus. Rundbogenportale mit sorgfältig ausgearbeiteten Öffnungen, Kapitelle, Blendarkaden und betonte Horizontalfugen lockern die schlichte, monumentale Fassade des Zweckbaus auf.

Alljährlich werden Festung und Stadt Koblenz im Rahmen des Großfeuerwerks Rhein in Flammen bengalisch beleuchtet. Auf der Festung finden auch die überregional bedeutenden Koblenzer Festungsspiele statt. *Parkplätze bei der Festung – Sessellift.*

Ratsstuben
Königsbacher
Restaurant

# Koblenz am Rhein

## 30 *Vallendar*

Entdecken Sie eine rheinische Kleinstadt mit dem Flair einer uralten Vergangenheit und dem typischen Charme dieser Region. Alte Bürgerhäuser aus dem 17. und 18. Jahrhundert, oftmals in Fachwerk mit aufwendigen Schnitzereien, prägen das Stadtbild. Am Fuße des Westerwalds gelegen laden ausgedehnte Wälder zum Wandern ein. Ein reichhaltiges Angebot an Freizeiteinrichtungen sowie die zentrale Lage zu sehenswerten Ausflugszielen an Rhein, Mosel, Eifel und Hunsrück bieten Ihnen einen abwechslungsreichen Aufenthalt. Mitten im Rhein, gegenüber von Vallendar liegt die Insel Niederwerth, die in Deutschland einzige Flussinsel mit einer Dorfgemeinde. Besonders in der Spargel- und Erdbeerzeit ein Anziehungspunkt für Feinschmecker, die beim Erdbeer- und beim Spargelfest voll auf ihre kulinarischen Kosten kommen. Sehenswert ist die alte Klosterkirche aus dem 15. Jahrhundert, eine der besterhaltenen und bedeutendsten Sakralbauten am Mittelrhein.

## 31 *Bendorf mit Ortsteil Sayn*

Zur ausgedehnten Industriestadt Bendorf – ebenfalls am rechten Stromufer – gehört der östlich gelegene Ortsteil Sayn. Auf einem Bergvorsprung findet sich die Ruine einer Burg, die – mit Unterbrechungen – seit dem 10. Jahrhundert und in der nun 19. Generation im Besitz der Grafen von Sayn ist. Während drei Seiten den natürlichen Schutz von Steilhängen genossen, legten die Besitzer gegen den Berg einen tiefen und breiten Halsgraben an, zusätzlich gesichert durch eine mächtige Schildmauer mit Wehrgang. Der 20 m hohe Bergfried (12. Jh.) besitzt Mauern von 2,40 m Stärke. Daran schließt sich eine gotische Abschnittsmauer an. An der Südflanke ist ein 20 m breiter und 90 m langer Zwinger weitgehend erhalten. In den beiden unteren Stockwerken des Bergfrieds befindet sich ein Turmuhrenmuseum mit 25 Exponaten aus 5 Jahrhunderten. Von hier aus sind auch der westliche Wehrgang und eine Aussichtsplattform zu begehen. Das Burggelände dient heute als Wildpark, die Burgschänke erfrischt den müden Wanderer. Unterhalb der Stammburg ließen die Grafen im 15. Jahrhundert das mittlere Burghaus als Wohnsitz einer Tochter errichten. Weiter hangabwärts erkennen wir die Reste der Burg Stein, deren Ruine 1802 der berühmte Reichsfreiherr von und zum Stein verkaufte. Ein weiteres Burghaus ließen die Herren von Reiffenberg im 15. Jahrhundert am Fuß des Burgbergs erbauen. Ihre Erben ließen es 1757 in ein Barockschloss umwandeln, ehe es 1848 in den Besitz des Grafen Ludwig von Sayn-Wittgenstein-Sayn gelangte. Dieser ließ es erneut vergrößern und prunkvoll in neugotischem Stil umbauen. Im 2. Weltkrieg wurde das Schloss beschädigt und verfällt seit dieser Zeit. Der weitläufige Schlosspark lädt jedoch noch heute zu genüsslichen Spaziergängen ein. Ein Denkmal erinnert an Kaiser Wilhelm I., der hier mehrmals bei Graf Ludwig zu Gast war. Hauptanziehungspunkt der Anlage ist heute jedoch eine neu errichtete Traumlandschaft mit Seen, herrlichen Grünpflanzen und Blüten sowie prächtigen einheimischen und tropischen Schmetterlingen.

Die 3 Kanonenrohre auf dem Schlossplatz stammen aus der Sayner Eisenhütte, die von 1769 bis 1926 betrieben wurde. Nachdem 1815 das Gebiet an Preußen gefallen war, erlebte das Werk einen gewaltigen Aufschwung. Neben vorzüglichem Kunstgenuss – zu besichtigen im Stadtmuseum Bendorf – lieferte die Hütte Geschütze und Munition für die nahen Festungen Koblenz und Ehrenbreitstein. Die imposante ehemalige Gießhalle entstand ab 1830 aus Gusseisen und Glas nach dem Vorbild gotischer Kathedralen. Dieses Industriedenkmal von europäischem Rang ist noch heute im Sayntal zu besichtigen. Das Brexbachtal zieht sich östlich des Burgbergs entlang. Unterhalb der alten Feste finden wir Heins Mühle, ein technisch-historisch wertvolles Bauwerk des 19. Jahrhunderts. Liebevoll restauriert, dient sie heute als Mühlenmuseum. Etwas weiter bachaufwärts liegt die ehemalige Prämonstratenserabtei, um 1200 von Graf Heinrich III. und seinen Brüdern gegründet. Gleichzeitig entstand die einschiffige Abteikirche, die bei 60 m Länge lediglich 7,70 m breit ist. Der Turm wurde im 18. Jahrhundert erneuert. Von der einst reichen Ausstattung ließen die Wirren der Reformationszeit nur wenige wertvolle Stücke übrig, so den Taufstein (um 1220), den vergoldeten Schrein mit der Armreliquie des hl. Simon und weitere Reliquien. Sehenswert sind jedoch auch die vielen Grabdenkmäler von Äbten und adligen Stiftern aus dem 13.–18. Jahrhundert, der Westflügel des Kreuzgangs sowie der Abtei mit dem imposanten Brunnenhaus (um 1230).

# 32 Neuwied

Westlich von Bendorf weitet sich das rechte Rheinufer zum Neuwieder Becken. In diesem Becken liegt Neuwied (knapp 70.000 Einwohner), das durch einen am Rhein einmaligen Hochwasserschutzdeich von 7,5 km Länge abgeschirmt wird. Der Stadtteil Engers nahe der Saynbachmündung war bereits im 4. Jahrhundert durch einen römischen Wachturm befestigt. Der Trierer Erzbischof J. Ph. von Walderdorff ließ 1758 die alte Burg Kunostein ab-

*Schloss Neuwied – bewohnt von der Fürstenfamilie zu Wied*

reißen und an ihrer Stelle durch einen Schüler des berühmten Barockkünstlers Balthasar Neumann ein Jagd- und Lustschloss erbauen. Es ist bis heute erhalten. Besonders beachtenswert ist der prunkvolle Festsaal, geschmückt mit reichen Ornamenten sowie Wand- und Deckengemälden im Stil des Rokoko. Ganz nahe beim Schloss finden wir den malerischen Marktplatz mit seinem stilvollen Rathaus (1642) und der Schloss-Schenke. Etwas abseits vom Strom liegt der Stadtteil Heimbach-Weis. Das ehemalige Prämonstratenserkloster Rommersdorf (12.-18. Jh.) bildet mit seinen Stilelementen aus der Romantik, der Gotik und dem Barock ein seltenes Lehrobjekt für die Geschichte der

Baukunst, und ist heute kulturelle Begegnungsstätte der Stadt Neuwied. Am Waldrand hat der Förderverein „Zoo Neuwied“ den landschaftlich reizvollen Zoo des Mittelrheingebiets angelegt, bietet er neben der interessanten Tierwelt doch einen herrlichen Weitblick ins Rheintal und über die Berge der Eifel. Von hier aus führen gepflegte Wanderwege durch das Erholungsgebiet und entlang dem römischen Limes mit dem rekonstruierten Wachturm und dem ehemaligen Kastell bis weit in den Naturpark Rhein-Westerwald. Wo das Flüsschen Wied kurz vor dem Eintritt in die Ebene einen Umlaufberg bildet, erbauten die Herren von Wied um das Jahr 1100 eine Burg im heutigen Ortsteil Altwied. Sie verfiel, nachdem die Grafen 1653 ihren Wohnsitz an den Rhein verlegt hatten. Auch unterhalb der Ruine findet der interessierte Besucher malerische Winkel.

Über den Stadtteil Segendorf erreicht man die Ortslage Monrepos, von der man eine weite Aussicht genießt. In dieser herrlichen Landschaft ist das Museum des Eiszeitalters untergebracht, eine Abteilung des Römisch-Germanischen Museums. Es zeigt Funde aus der Urgeschichte des Rheinlands. Nahe der Wiedmündung entstand im 17. Jahrhundert das fürstlich-wiedische Schloss, heutiger Wohnsitz der Fürstenfamilie. Gleichzeitig wurde Neuwied gegründet, heute das Zentrum der Kommune von immerhin knapp 70.000 Einwohnern. In einem Nebengebäude wurde 1977 das Schlosstheater eröffnet. Beim Stadtteil Feldkirchen – mit der historischen Feldkirche – nähern sich die Berghänge des Westerwalds wieder dem Rhein. Die moderne Raiffeisen-Brücke verbindet Neuwied mit dem gegenüberliegenden Weißenthurm, benannt nach einem Zollturm aus dem 14. Jahrhundert. Ihren Namen erhielt sie nach dem Gründer des Genossenschaftswesens, Friedrich Wilhelm Raiffeisen, der einst im heutigen Neuwieder Ortsteil Heddesdorf als Bürgermeister tätig war.

# 33 Andernach

Auf der linken Rheinseite liegt die Bäckerjungenstadt Andernach auf uraltem Siedlungsboden. Ausgrabungsfunde haben bewiesen, dass hier bereits vor 400.000 Jahren Menschen lebten. Um die Zeitwende errichteten die Römer ihr Kastell Antunnacum, zwischen 1167 und etwa 1800 bildete die Stadt den südlichen Eckpfeiler des Kurfürstentums Köln. Entsprechend war der Ort oft hart umkämpft, doch zeugen Reste der Stadtmauer (12. Jh.) mit Toren und Türmen von ihrer Wehrhaftigkeit. Bemerkenswert sind dabei besonders der 56 m hohe Runde Turm (15. Jh.), der 1689 sogar einem Sprengversuch der französischen Truppen standhielt, die Ruine der Stadtburg sowie das Koblenzer Tor und das Rheintor. Um dieses rankt sich die Sage von den Bäckerjungen, welche die feindliche Übermacht mit geworfenen Bienenkörben in die Flucht geschlagen haben sollen. Ein Denkmal im Innenhof der Bastei (12./13. Jh.) erinnert an diese Überlieferung. Die gepflegten Anlagen am Ufer bieten dem Gast manch botanische Rarität sowie mit dem Alten Kranen (1554-59) ein technisches Meisterwerk seiner Zeit. Bis 1911 war er beim Verladen von Mühlsteinen eingesetzt.

*Ruine der Stadtburg (12 Jh.) in Andernach*

Ein Gang durch die Altstadt lässt dem Beschauer immer wieder einen Blick in die bewegte Vergangenheit Andernachs tun. Das alte Rathaus wurde bereits 1407 erwähnt, als es der jüdischen Gemeinde noch als Synagoge diente. Unter dem Sitzungssaal führt eine Treppe in den ehemaligen Baderaum. Im nahen Himmeroder Hof befand sich im 16. – 18. Jahrhundert die Propstei des Klosters Himmerod. Beim romanischen Mariendom (um 1200), auf den Grundmauern einer älteren Kirche erbaut, besticht die harmonische Gliederung der Chorapsis. Die heute evangelische Christuskirche (1245-1450) gehörte einst zum Minoritenkloster. Sie besitzt nur ein Seitenschiff und war in früheren Jahrhunderten bevorzugte Begräbnisstätte des rheinischen Adels.

Andernach bietet seinen Gästen eine Vielzahl von Freizeitmöglichkeiten und ist Ausgangspunkt für Ausflüge an den Laacher See mit der bedeutenden Benediktiner-Abtei Maria-Laach (um 1200), an den berühmten Nürburgring mit seinen Rennveranstaltungen und dem Rennsportmuseum sowie in den Stadtteil Namedy und zu seinem schmucken Wasserschloss, einer ehemaligen Burg aus dem 16. Jahrhundert, und seiner mittelalterlichen Kirche. Eine besondere Attraktion besaß die Rheininsel Namedyer Werth in früheren Jahren: In regelmäßigen Abständen schoss eine Fontäne aus Mineralwasser geysirartig bis 60 m in die Höhe. Das Wasser aus über 300 m Tiefe wird heute in der Getränkeindustrie verarbeitet.

*Mittelalterliches Rheintor*

*Der Runde Turm (1440–52)*

34

# Leutesdorf

In der Höhe der Rheininsel erstrecken sich auf 5 km Länge die Rebanlagen des bedeutendsten Winzerorts am unteren Mittelrhein. Das weinfrohe Leutesdorf am Ausgang des Neuwieder Beckens besitzt bei nur 2.000 Einwohnern fast 1 Million Rebstöcke und bietet dem Gast neben dem edlen Getränk vor allem Ruhe und Erholung ohne Industriebelästigung. Dennoch hat der romantische Weinort auch manch sehenswertes Baudenkmal vorzuzeigen; schöne ehemalige Hofgüter und Fachwerkhäuser in engen Gassen und entlang den Rheinanlagen, die Überreste der alten Stadtbefestigung, die Pfarrkirche (ab 13. Jh.) mit ihren Wandmalereien sowie die Wallfahrtskirche Heiligkreuz, die noch heute von frommen Pilgern besucht wird und mit schönen Barockaltären ausgestattet ist.

# Hammerstein

Wo sich das Rheintal zwischen Westerwald und Eifel am engsten zusammendrängt, schmiegen sich rechtsrheinisch die Ortsteile Ober- und Niederhammerstein an den Strom. In den steilen Rebanlagen gedeihen kernige, kräftige Weine. Die Glocken der romanischen Pfarrkirche (11. Jh.) in Oberhammerstein sollen um 1050 gegossen worden sein. Sie wären dann die

*Der Burgmannshof in Oberhammerstein stammt aus dem 16. Jahrhundert*

ältesten am Mittelrhein. Weiterhin sehenswert ist der Burgmannshof (16. Jh.). Auf steilem Grauwackenfels wachte schon vor der ersten Jahrtausendwende die alte Burg Hammerstein über dem gleichnamigen Ort.

Zu Beginn des 11. Jahrhunderts von Heinrich II. durch Aushungern bezwungen, war sie fortan Reichsburg. Kaiser Heinrich IV. ließ die Festung erneuern und fand 1105 samt den Reichskleinodien hier Zuflucht vor seinem Sohn Heinrich V. Im 14. Jahrhundert erhielten der Ort Stadtrecht und die Burggrafen das Recht der Kleinen Münze, die Burg wurde als Lehen an Kurtrier gegeben. Noch auf dem Merianstich von 1646 erscheint sie als eine der mächtigsten Hochburgen am Rhein mit insgesamt 7 Türmen, ihre Mauern waren bis 5 m dick. Wenige Jahre später jedoch wurde sie bis auf die heutige Ruine geschleift.

## *Rheinbrohl*

Am Ortsausgang begann das größte römische Bauwerk nördlich der Alpen, der Limes. In den ersten 3 Jahrhunderten n. Chr. errichtet, verband er den Mittelrhein mit der Donau und schirmte die römischen Provinzen gegen die Germanen ab. Wachtürme, zunächst aus Holz, später aus Stein, wurden in Sichtweite zueinander errichtet, mit 2,50 m hohen Palisaden verbunden, dahinter ein 3 m tiefer Graben ausgehoben. Hinter dieser Linie waren immer wieder Militärlager für die Legionäre angelegt. Das erste dieser Kastelle stand bei Rheinbrohl, der erste Wachturm am Rhein in der Gemarkung Rheinbrohl ist rekonstruiert. Von hier aus kann der interessierte Wanderer dem Verlauf des Limes folgen.

## *Burg Rheineck*

Auf der anderen Rheinseite erhebt sich auf einer bewaldeten Bergkuppe zwischen Brohl und Bad Breisig die alte Pfalzgrafenburg. Nachdem sie 1151 durch König Konrad III. zerstört worden war, gelangte sie an das Erzbistum Köln. Ebenso wie nach einer zweiten Zerstörung (1282, Rudolf von Habsburg) ließen die Kölner ihre Feste wieder aufbauen. 1689 erneut zerstört, erfuhr die Burg 1832 einen völligen Neuaufbau. Vom mittelalterlichen Baubestand blieben lediglich der massige Bergfried (11. Jh.) und die romanische Burgkapelle erhalten.

# 35 Bad Breisig

Mehr als 900 Jahre gehörte das Ländchen Breisig zum Stift Essen, ehe Napoleon den kirchlichen Besitz enteignete. Der Ortsteil Oberbreisig mit seinen vielen, alten Fachwerkhäusern besitzt noch eine mittelalterliche Kirche (St. Viktor) aus dem 13. Jahrhundert mit vielen alten Fresken.

In Bad Breisig gibt es 2 Kurzentren, die jeweils mit einem Thermalhallenbad und einem angeschlossenen Anwendungsbereich ausgestattet sind. Die Quellen der natürlichen Geysire kommen aus einer Tiefe von über 600 m und speisen die Thermalhallenbäder mit 30° und 32° C warmem Wasser. Schwimmen, Gruppentherapien, Fangopackungen, Massagen und weitere Kuranwendungen können verabreicht werden. Die Indikationen von Bad Breisig: Herz, Kreislauf, Rheuma und Behandlungen von Bewegungsschäden nach Unfallfolgen.

Immer wieder trifft der Besucher auf hübsche Wohnhäuser des 17. und 18. Jahrhunderts. Zusätzlich bietet ihm die Stadt eine 6 km lange Rheinpromenade, ein abwechslungsreiches Kurprogramm, eine Vielzahl von Wander- und Freizeitmöglichkeiten sowie Festlichkeiten, bei denen er die sprichwörtliche rheinische Fröhlichkeit hautnah erleben kann.

# 36 Bad Hönningen

Sympathisches, direkt am Rhein gelegenes Badestädtchen. Verkehrsgünstig zwischen Koblenz und Bonn gelegen. Gemütliche Innenstadt. Cafés, Wirtshäuser, Gaststätten und Straßenrestaurants in der Fußgängerzone und Nebenstraßen laden zum Verweilen ein. Beeindruckendes Rheinpanorama mit Blick auf die Eifellandschaft. Ein Spaziergang durch die 1,5 km lange Rheinpromenade mit Kurgarten wird zur Erholung. Alter Weinort mit 10 ha Rebfläche und einer Ergiebigkeit von 60.000 Liter köstlichem Wein. Die Lage des "Hönninger Schlossbergs" bietet

*oben: Kurpark in Bad Hönningen*
*unten: Pfarrkirche St. Peter und Paul von 1718*

viele leckere Sorten von Riesling- bis Burgunderweine. Das romantische Schloss Arenfels inmitten der Weinberge gelegen mit Schlossgastronomie und großer Terrasse im Schlossinnenhof ermöglicht einen weiten Blick aufs Rheintal. Seit der Jahrhundertwende 1900 besitzt Bad Hönningen viele Quellen mit Thermal-Mineralwasser. Die Rheinpark-Therme, direkt am Rhein gelegen, bietet Gesundbaden und das Centrum für physikalische Therapie medizinische Anwendungen. Heilanzeige bei Rheuma, Herz- und Kreislauferkrankungen. Die integrierte Saunalandschaft mit Solarien sorgen für das weitere Wohlbefinden.

Auch die rheinische Fröhlichkeit kommt nicht zu kurz. An den Herbstwochenenden herrscht in der Innenstadt reges Treiben und viele Feste wie Weinblüten-, Sommernachts- und Federweißefest laden zum vergnüglichen Feiern ein. Viele Pauschalangebote machen das Kennenlernen leicht.

*Schloss Arenfels über Bad Hönningen*

# 37 Linz

Vor Linz erreichen wir zunächst den Ortsteil Leubsdorf, ein hübsches Winzerdorf mit schmucken Fachwerkhäusern. Eine erste Urkunde aus dem 7. Jahrhundert bestätigt eine Schenkung Pippins I. an seine Tochter Gertrud, die Äbtissin des Klosters Nivelles (Belgien). Die Lage heißt daher noch heute Gertruden-Weinberg. Von den Hängen über den Rheinanlagen hat man einen schönen Blick auf die Ahrmündung.

Ihr genau gegenüber liegt Linz, die „Bunte Stadt am Rhein" und einer der meistbesuchten Orte. Verträumte Winkel und Straßenzüge mit farbigen Fachwerkhäusern haben der alten

*Blick auf die Pfarrkirche von Leubsdorf*

Stadt zu ihrer Berühmtheit verholfen. Nachdem sie 1320 Stadtrechte erhalten hatte, entstanden die Befestigungsmauern und Stadttürme aus heimischem Basalt. Von ihnen sind die Hauptzugänge, das Neutor und das Rheintor, erhalten. Die Stadtachse zwischen beiden heißt Mittelstraße. In der heute verkehrsberuhigten Zone laden Sitzgruppen und zahlreiche Gastronomiebetriebe zum Verweilen ein. Die weiße Pflasterung erinnert an einen einst hier fließenden Bach, ebenso auch am Buttermarkt. Dort steht eine originelle Statue der Marktfrau Agnes, die früher Eier, Käse und Butter feilgeboten hatte.

Zentrum der Altstadt ist der Rathausplatz mit der Mariensäule. Hier steht das älteste Rathaus von Rheinland-Pfalz, erbaut 1517–1527. Dreimal täglich erklingen von seinem 23-teiligen Glockenspiel verschiedene Melodien. Die sehenswerte Rathausuhr wurde 1737 eingebaut. Alte und neue Fachwerkhäuser bilden mit dem Neutor ein prächtiges Ensemble. Davor steht als Bronzeguss der Klapperjunge: Nach uraltem Brauch fliegen die

Kirchenglocken am Karfreitag und –samstag nach Rom. An diesen Tagen ersetzten alljährlich etwa 200 Kinder als Klapperjungen das Geläut, indem sie mit selbstgebauten Holzklappern um 6, 12 und 18 Uhr durch die Straßen der Altstadt ziehen und die Uhrzeit verkünden.

Das entgegengesetzte Ende der Straße wurde einst vom Rheintor beschirmt, das zusammen mit 3 sehenswerten Giebelhäusern und der Burg den Burgplatz zu einer prächtigen Kulisse werden lässt. Als 1365 in Linz eine der 11 Zollstellen für Schiffstransporte zwischen Köln und Mainz eingerichtet wurde, begann das Kölner Erzstift gleichzeitig mit dem Bau der Zwing- und Zollburg. Bis Anfang des 19. Jahrhunderts, zur Aufhebung des Rheinzolls, versah sie ihre Aufgabe. Noch heute können Besucher das Angstloch besichtigen, das Burgverlies mit Folterkammer und Instrumenten der unmenschlichen Verhörmethoden vergangener Jahrhunderte. Daneben sind in den Gebäuden ein Restaurant, Kinoptikum, Waffen- und Folterkammer, Puppenstube und die Römische Glashütte untergebracht. Die ehrwürdige St.-Martins-Kirche, 1214 geweiht, besitzt kunstgeschichtlich höchst bedeutsame spätromanische Fresken. Ein berühmtes dreiteiliges Altarbild, das einst hier zum Marienaltar gehörte, ist inzwischen in der Pfarrkirche St. Marien aufgestellt.

Neben den historischen Sehenswürdigkeiten bietet Linz Freizeitvergnügen für jeden Geschmack. Von vielen Möglichkeiten seien hier das Freibad (mit Riesenrutsche), die Spazierwege der Rheinanlagen, die Wanderungen in den nahen Naturpark mit Waldlehrpfad sowie die zahlreichen Festlichkeiten – von Karneval bis Weihnachtsmarkt – erwähnt.

*Der Burgplatz mit dem Rheintor in Linz*

38

# Sinzig - Bad Bodendorf

Nahe der Ahrmündung liegt – etwas abseits vom Strom – auf der mittleren Rheinterrasse das alte Städtchen Sinzig. Schon vor dem Eintreffen der Römer existierte hier auf fruchtbarem Ackerland eine keltische Ansiedlung. Seit 762 – vor der Zeit Karls des Großen also – ist hier eine fränkische Königspfalz nachgewiesen. Noch bis 1531 machten die meisten deutschen Könige auf dem Weg zur Krönung nach Aachen hier Station. Besonders den Staufern hatte es das Sinziger Reich angetan: Kaiser Friedrich Barbarossa weilte allein viermal an dieser Stätte. Unter seinen Nachfolgern entstand der alte Mauerring, sie ließen treue Dienstmannen in der Stadt und ihre Ritter in der Umgebung Höfe und Adelssitze errichten, um so den Königsweg nach Aachen zu sichern.

Auch die Peterskirche, erbaut um 1225 durch den Aachener Zehnthof, geht auf das Wirken der Staufer zurück. Das Gotteshaus gilt als Lehrbeispiel für den Übergang von der Romanik zur Gotik, die Fassade ist aufgelockert und im Innern von beeindruckender Raumwirkung. Mit der Erbauung der nahen Stauferburg Landskron (1206) verlor Sinzig an Bedeutung, blieb aber ein Zentrum des Weinbaus und wurde wichtige Pilgerstation.

An die frühere Bedeutung der Stadt erinnern neben der Peterskirche auch heute noch der mittelalterliche Zehnthof, die Reste der Stadtmauer und das Sinzer Schloss. Es war 1336 als Burg der Markgrafen von Jülich entstanden, im 16. Jahrhundert zum Schloss ausgebaut und 1688 zerstört worden. Mitte des vorigen Jahrhunderts entstand es als neugotischer Landsitz für einen begüterten Kaufmann neu. Vom ehemaligen Baubestand sind der breite Graben, der untere Teil des Nordostturmes sowie eine anschließende Mauer erhalten.

*Sinziger Schloss*

# 39 Remagen

Nördlich der Ahrmündung beginnt mit dem Ortsteil Kripp das Stadtgebiet von Remagen, der nördlichsten Stadt von Rheinland-Pfalz am Rhein. Die ehemals keltische Siedlung war fast 400 Jahre lang römische Garnisonsstadt, verlor danach jedoch schnell an Bedeutung. Sie wurde mehrfach verpfändet und war Sitz von Handwerkern und kleinen Winzern. Einen unglaublichen Aufschwung nahm die Stadt nach dem Bau der nahen

*Der Markplatz mit Rathaus in Remagen*

Apollinariskirche (1839-42): Angehörige der europäischen Fürstenhäuser besuchten den wunderbaren Bau, an der Rheinfront Remagens entstanden große Hotels. Etwa gleichzeitig erbaute die Köln-Düsseldorfer Dampfschifffahrtsgesellschaft hier eine Rheinwerft und Landebrücke. Endgültig zum Mittelpunkt des Fremdenverkehrs wurde die Stadt nach dem Ausbau der Eisenbahnstrecken am Rhein und durch das Ahrtal.

Im letzten Kriegsjahr rückte Remagen in die Annalen der Geschichte: Nachdem 2 Sprengversuche deutscher Pioniere fehlgeschlagen waren, rückten die Truppen der Alliierten am 7. 3. 1945 über die Brücke von Remagen erstmalig über den

Rhein vor. Genau 10 Tage später stürzte die 1916-18 erbaute Brücke ohne erkennbare Ursache ein und riss amerikanische Pioniere, die mit Ausbesserungsarbeiten beschäftigt waren, mit sich in den Strom. Die Brückentürme beiderseits des Rheins erinnern noch heute an jene denkwürdige Zeit, zumal die auf Remagener Seite mit der Sammlung des „Friedensmuseums

*Türme der Brücke von Remagen*

Brücke von Remagen". Hier wurde Material zur Geschichte der ehemaligen Ludendorff-Brücke zusammengetragen, dazu über die Friedensnobelpreisträger aus aller Welt. Eine Erinnerungskapelle – nahe dem attraktiven Freizeitbad – ist den deutschen Soldaten des damaligen Kriegsgefangenenlagers Goldene Meile gewidmet. Namensgeberin ist die Schwarze Madonna, modelliert von einem Insassen des Lagers. Die gotische Kapelle (15. Jh.) in der Innenstadt dient heute als römisches Museum. Ganz in der Nähe steht das Pfarrhaus mit dem Marienbrunnen. Dahinter ist ein Stück der mittelalterlichen Stadtmauer erhalten. Wenn wir hier durch die Maueröffnung schreiten, erblicken wir das geheimnisumwitterte romanische Pfarrhoftor (12. Jh.) mit einer Darstellung der 8 Hauptsünden.

Beim Neubau der Pfarrkirche St. Peter und Paul (1900) gelang es den Planern ausgezeichnet, die alte Kirche (1264) in die neue zu integrieren. Sehenswert sind hier die qualitätvollen gotischen Ausmalungen sowie das spätgotische Sakramentshäuschen, das gleichzeitig mit der Einwölbung des Chors um 1500 entstand.

Auf einem Hügel bei Remagen erhebt sich die markante Silhouette der Apollinariskirche. Hier waren anstelle einer älteren Martinskapelle im 12. Jahrhundert die Propstei und eine Kirche der Benediktiner erbaut worden. Um 1530 wurden die Gebeine des hl. Märtyrers Apollinaris in die Kirche übertragen. Seitdem strömen Scharen von Pilgern in das Gotteshaus. Nach der Auflösung des Klosters (1802) gelangten die Fürsten von Fürstenberg-Stammheim in den Besitz der Anlage, die seither als Begräbnisstätte ihrer Familienangehörigen dient. Sogleich beauftragte Graf Franz-Egon den Kölner Dombaumeister Zwirner mit dem Neubau der heutigen Kirche anstelle des baufälligen Vorgängerbaus. Die vier Türme des neugotischen Bauwerks weisen in alle Himmelsrichtungen. Die beiden langgestreckten Fenster, an Süd- und Westwand gestatten einen großen Lichteinfall auf die Wandflächen mit den kunstvollen Fresken der Nazarener.

Diese Malergruppe aus der Düsseldorfer Schule strebte eine Erneuerung der religiösen Malerei an und fertigte in der Apollinariskirche einen harmonischen Zyklus von Darstellungen. 1857 waren die Fresken fertiggestellt, im selben Jahr die Reliquie – der Kopf des hl. Apollinaris – in die Kirche gebracht und diese vom Grafenhaus den Franziskanern anvertraut, welche seither die Gottesdienste und die Pilgerbetreuung übernommen haben. Besonders am 25. Januar, dem Tag der Reliquienübertragung, und in den Wochen nach dem Namenstag des Heiligen am 22. Juli strömen Scharen von frommen Pilgern über den Kreuzweg vom Rhein zum Berg. Während dieses Festoktavs ist die Reliquie in der Kirche zur Verehrung aufgestellt. Sie ruht in der übrigen Zeit in einem Steinsarkophag in der Krypta, erbaut in byzantinischem Stil. Hier ist auch ein sehenswertes Kreuz angebracht, eine Holzschnitzarbeit aus der Zeit um 1200.

*Die Apollinariskirche*

# 40 Erpel und Unkel

Die Ludendorffbrücke verband einst Remagen mit dem beschaulichen Ort Erpel. Große Wohnbauten aus der Barockzeit, im Stil jener Zeit meist in großen Gärten gelegen, blicken auf den Rhein. In den Gassen überwiegen schmucke Fachwerkhäuser. Auf dem malerischen Marktplatz erhebt sich unter einer 100-jährigen Platane eine schlanke Brunnensäule (1753).

Nur wenig jünger ist das Barockrathaus mit dem zierlichen Dachreiter. Den Kirchplatz beherrscht eine 250-jährige Rotbuche. Die Glocken der Pfarrkirche St. Severinus stammen aus dem 14.–18. Jahrhundert. Reste der Stadtmauer mit dem Neutor (14. Jh.) und dem Fronbogen erinnern an weniger friedliche Zeiten für die Bürger am Rhein. Dennoch ist so manche Idylle aus jenen Tagen erhalten geblieben, wie das sechsseitige Gartenhaus beim ehemaligen Fronhof. Eine Wanderung vorbei an freistehenden Häusern inmitten hochgelegener Gärten auf den Erpeler Ley, einen 200 m hohen Basaltfelsen, erschließt uns eine grandiose Aussicht über die Eifel, den Westerwald und den Rhein. Das Winzerstädtchen Unkel liegt mitten in einer Ausbuchtung des Rheintals. Es besitzt eine der schönsten Rheinpromenaden, frei von Autoverkehr gehalten. Malerische Fachwerkhäuser in romantischen Gässchen und Reste der Stadtmauer geben dem Ort ein altertümliches Flair. In der frühgotischen Pfarrkirche kann man die reiche Ausstattung bewundern. Für den Wanderfreund ergeben sich vielfältige Möglichkeiten in einem gepflegten Wegenetz durch Weinberge und die Wälder des Siebengebirges und des Westerwaldes.

*Ein Idyllisches Fleckchen mit wunderschönen Barockbauten*

# 41 Rolandseck, Bad Honnef und Röhndorf

Über dem linksrheinischen Villenvorort von Remagen erhebt sich auf einem Hügel 105 m über dem Rhein der sagenumwobene Rolandsbogen. Er ist der Rest einer mittelalterlichen Burg (um 1100), einst Zollburg der Kölner Erzbischöfe. Als 1840 der ehemalige Fensterbogen einstürzte, wurde sein Wiederaufbau durch Spenden aus aller Welt finanziert. Aus dieser Zeit könnte auch die berühmte Sage vom Rolandsbogen stammen: Ritter Roland zieht mit Kaiser Karl dem Großen in Spanien gegen die Sarazenen und schlägt sich sehr tapfer. Kurze Zeit später gelangt die falsche Nachricht in seine Heimat, der Ritter sei gefallen. Daraufhin entsagt seine Braut Hildegund, Tochter des Ritters vom Drachenfels, dem weltlichen Leben und geht ins Kloster auf der Rheininsel Nonnenwerth, nur wenig abwärts von Rolandseck. Nach seiner Rückkehr ist wiederum Roland tief traurig. Er zieht in seine Burg, die er für seine geliebte Braut hat bauen lassen, und schaut Tag für Tag aus dem Bogenfenster hinüber zum Kloster. Als nach wenigen Jahren Hildegund stirbt, findet man kurz darauf auch Roland tot, immer noch aus dem Fenster starrend.

*Der sagenumwobene Rolandsbogen über Remagen-Rolandseck*

Vom efeuumrankten Bogen und dem Restaurant haben wir eine herrliche Aussicht auf das Siebengebirge gegenüber, auf Bad Honnef und den Rhein mit den Inseln Grafenwerth und Nonnenwerth mit dem Franziskanerinnenkloster St. Clemens.

Oberhalb der Stadt kann der Naturfreund einen eindrucksvollen Wildpark besuchen, in dem die Tiere auf großen Flächen fast wie in freier Natur dahinziehen. Von seiner teils unbewaldeten Höhe ergibt sich bei klarem Wetter ein herrlicher Rundblick über das weltberühmte Panorama mit Rhein und Siebengebirge. Ebenso ist ein Ausflug in das Naturschutzgebiet Rodderberg (195 m) empfehlenswert, westlich von Rolandswerth gelegen. Auf dem waldlosen Berg entstanden in der Eiszeit Explosionskrater, die heute mit Löß gefüllt sind.

Im Schutz des Siebengebirges gelegen, hat Bad Honnef ein mildes Klima mit ausgeglichenen Temperaturen. Die Pflanzen blühen hier, im deutschen Nizza, eine bis zwei Wochen früher als im übrigen Rheintal. Einer der treuesten Kurgäste war Königin Sophie von Schweden mit zehn Aufenthalten jeweils von mehreren Monaten.

Reizvolle Spaziergänge führen durch den Kurpark und durch die Stadt über eine der Brücken auf die autofreie Insel Grafenwert mit ihren ehrwürdigen Baumriesen, weiten Rasenflächen und Ruhezonen am Ufer. Eine Vielzahl von Grünflächen, Gärten und Brunnen am Rande der Gassen lassen die ganze Stadt wie einen großen Garten erscheinen. Dabei bietet der Ort viele Sport- und Freizeitmöglichkeiten, ist berühmt für seine Schulen und Bildungsstätten, als Tagungs- und Kongressort.

Am Hang über der Kernstadt breiten sich die historisch gewachsenen Ortsteile mit ihren hübschen Fachwerkhäusern und dahinter die endlosen Wälder des Siebengebirges. Am berühmtesten wurde der Ortsteil Rhöndorf als ehemaliger Wohnsitz des ersten Bundeskanzlers, Konrad Adenauer. Hier können wir sein Wohnhaus, heute Adenauermuseum, und seine letzte Ruhestätte besichtigen. Dabei lassen wir die Atmosphäre eines rheinischen Weinortes mit seiner urigen Gastronomie auf uns wirken.

*Konrad Adenauer*

# 42 Königswinter

Während die Vororte von Bonn auf der linken Rheinseite ein bereits geschlossenes Siedlungsband darstellen, erheben sich rechts die vulkanischen Kuppen des Siebengebirges. Bereits seit dem Mittelalter wurde hier Gestein aus dem Berg gebrochen, u. a. zum Bau des Kölner Doms. Im 18. und 19. Jahrhundert wurde der Steinbruch mit dem geschätzten Trachyt so verantwortungslos betrieben, dass Teile der Burg Drachenfels einstürzten, so um 1800 die Burgkapelle und die Vorburg.

Dem setzte erst die preußische Regierung ein Ende, als sie 1836 die Kuppe des Drachenfels erwarb und später die Erhaltung des Laubholzbestandes anordnete. Ein Verein zur Rettung des Siebengebirges und ein Verschönerungsverein Siebengebirge machten sich um das Gebiet verdient, das schließlich 1922 erstes deutsches Naturschutzgebiet und 1958 erster Naturpark in Nordrhein-Westfalen wurde, inzwischen sogar mit dem Europadiplom dekoriert ist. Es dient heute dem Ballungszentrum um Köln-Bonn als Nah- und Wochenenderholungsgebiet.

Am Fuß dieses Gebirges liegt die malerische Stadt Königswinter mitten im nördlichsten geschlossenen Weinbaugebiet Deutschlands. Durch verwinkelte Rheingassen gelangt der Besucher zu alten Kirchen und Kapellen sowie zum sehenswerten Siebengebirgsmuseum. Zahlreiche Freizeiteinrichtungen ergänzen das vielfältige Unterhaltungsprogramm. Hauptattraktion der Stadt ist jedoch der weltberühmte Drachenfels mit seiner sagenumwobenen Burg Drachenfels: Hier soll der Drache der Siegfriedsage gehaust haben.

Die älteste Zahnradbahn (1883) Deutschlands führt Besucherscharen hinauf, andere bevorzugen die Pferdekutsche, den Eselsrücken oder gar Schusters Rappen. Von hier, 321 m ü. NN., haben wir einen grandiosen Rundblick bis hin zur Bundeshauptstadt Bonn und über die Vulkanberge der Eifel. Von der ehemaligen kurkölnischen Burg (12. Jh.) blieben eindrucksvolle Reste des Bergfrieds erhalten, nachdem die Anlage im 30-jährigen Krieg mehrfach von Spaniern und Schweden besetzt und 1634 geschleift worden war.

*Historie in Fahrt – Die älteste deutsche Zahnradbahn*

Auf halben Weg entstand am Hang des Drachenfels mit der Drachenburg (1881-84) eines der letzten Schlösser am Rhein. In der nahen Nibelungenhalle richtete man einen Kleinzoo ein; er besitzt eine der größten Krokodilsammlungen in Europa. Die eindrucksvollen Reste einer Zisterzienserabteikirche aus dem 19. Jahrhundert sind im Ortsteil Heisterbach zu besichtigen. In der Nähe befindet sich das Naturdenkmal Weilberg, ein Bilderbuch der Natur zur Entwicklung einer vulkanischen Landschaft. Der Ortsteil Oberpleis besitzt noch eine romanische Propsteikirche (12. Jh.), Oberdollendorf den historischen Bredershof.

*Schloss Drachenburg*

# 43 Bonn

Gegenüber von Königswinter reihen sich die malerischen Dörfer Mehlem, Muffendorf, Rüngsdorf und Plittersdorf, die heute zu Bad Godesberg gehören, dem berühmtesten Stadtteil von Bonn. Hier am Rhein – meist mit Blick auf das Siebengebirge – haben sich zu Hauptstadtzeiten zahlreiche diplomatische Vertretungen eingerichtet. Ihre Residenzen sind meist von großen Parks umgeben. Zusammen mit den öffentlichen Anlagen des Redouten- und des Stadtparks, gleichzeitig Kurpark, bilden sie die grüne Lunge des großzügig angelegten Gesundheitsstandortes Bad Godesberg. Alte Bestände außergewöhnlicher Baumarten erfreuen hier den Naturliebhaber. Am Rande der beiden benachbarten öffentlichen Parks befinden sich das ehemalige kurfürstliche Ballhaus, die Redoute (1790-92), sowie das „Haus an der Redoute", das einstige kurfürstliche Hoftheater.

Über dem Stadtteil thront auf einem Basaltkegel die Godesburg, um 1210 zur Sicherung des Erzbistums Köln erbaut und 1583 zerstört. Der mächtige Bergfried bietet aus 32 m Höhe einen

*Ruine der Godesburg*

begeisternden Rundblick. Anstelle der restlichen Burganlage entstand 1961 ein Hotel mit Gaststätte. Viel älter ist dagegen die Michaelskapelle am Fuß des Berges, die im 17. Jahrhundert mit barocken Stuckdekorationen verziert wurde. Rechtsrheinisch schließt sich der erste Vorort Bonns, Oberkassel, nahtlos Königswinter an. Obwohl Industriestandort, besitzt er noch einen historisch gewachsenen Ortskern mit schönen Fachwerkhäusern des 17. Jahrhunderts. Auf der anderen Rheinseite befindet sich das geschichtsträchtige Ausflugslokal Schaumburger Hof.

Zwischen den Ortsteilen Ramersdorf und Hochkreuz spannt sich die Konrad-Adenauer-Brücke über den Strom. Jener Ort erhielt seinen Namen nach dem 11 m hohen gotischen Wegkreuz, dessen Kopie noch heute an der Kreuzung Godesberger Allee/Kennedyallee steht. Das Original aus dem 14. Jahrhundert ist im Rheinischen Landesmuseum ausgestellt.

Bonn beging 1989 seine 2.000-Jahr-Feier, gleichzeitig war sie bis 1990 Bundeshauptstadt. Aus der noch älteren keltischen Siedlung und dem Römerlager um die Zeitwende entwickelte sich ein blühendes Gemeinwesen. Während der Spätbarockzeit erbauten die Kurfürsten von Köln hier ihr Residenzschloss (1725), heute Universitätsgebäude. Etwa gleichzeitig entstanden das Rathaus und das Koblenzer Tor. Vater und Großvater des berühmten Komponisten Ludwig van Beethoven waren als Musiker am kurfürstlichen Hof angestellt. Sein Geburtshaus in der Bonngasse dient heute als Museum. Unter vielen Zeugnissen aus seiner Zeit ist hier der Spieltisch der Orgel ausgestellt, auf der der junge Beethoven in der damaligen Minoritenkirche spielte. Diese dreischiffige hochgotische Basilika (1274-1317) diente dem Minoritenorden als Gotteshaus. Seit der Aufhebung des Konvents 1806 heißt sie Remigiuskirche. Noch älter und berühmter ist die romanische Münster-Basilika (12./13. Jh.), die auf einem römischen Gräberfeld errichtet wurde. Hier fanden 1314 und 1346 sogar Königskrönungen statt. Der Bau imponiert besonders durch seinen 92 m hohen, kräftigen Vierungsturm und dem romanischen Kreuzgang.

Ein Juwel ist auch der Alte Friedhof am Fuße des Stadthauses. Hier fanden neben vielen anderen Prominenten der Literaturhistoriker A. W. von Schlegel, der kritische Dichter E. M Arndt, die Mutter Beethovens und die Ehefrau Friedrich Schillers, Robert und Clara Schumann sowie Mildred Scheel ihre letzte Ruhestätte.

Der Ortsteil Poppelsdorf liegt südwestlich vom Zentrum Bonns. Die großzügig begrünte Poppelsdorfer Allee führt zum Poppelsdorfer Schloss (1715-30). Sein weitläufiger Park, zur Hälfte von einem Weiher umgeben, wird heute als botanischer Garten gepflegt. In derselben Richtung erreichen wir den Kreuzberg (125 m ü. NN) mit seinem Franziskanerkloster. Seine Barockkirche (1627/28) wurde 1689 ihrer Schätze beraubt. Sie gelangte nach ihrer Wiederherstellung durch den Anbau der Heiligen Stiege (1746-51) zu Weltruhm, einem Meisterwerk Balthasar Neumanns.

Beiderseits des Rheins erstreckt sich bei der Konrad-Adenauer-Brücke der weitläufige Freizeitpark Rheinaue mit großen Wasserflächen. Darüber signalisiert der Lange Eugen, das frühere Abgeordnetenhaus des Bundestages, den Standort des Regierungsviertels. Hier scharten sich die Residenzen der einzelnen Ländervertretungen zwischen Bundeshaus, Bundeskanzleramt, Presseamt und Bundespressehaus. Die Spuren der jüngsten Vergangenheit sind noch sichtbar, auch wenn neues Leben in die früheren Bundesgebäude eingezogen ist. Nach dem Wegzug vom Parlament und Bundesregierung hat das Viertel nun eine neue Funktion bekommen: Der moderne Plenarsaal ist nun als „Internationales Kongresszentrum Bundeshaus" Tagungsort für hochkarätige Konferenzen von Wirtschaft, UNO-Ein-

*Das frühere Abgeordnetenhaus des Bundestages*

POSTAMT

*Links oben: Beethoven-Denkmal*
*Links Mitte: Universitätsgebäude*
*Links unten: Spätbarockes Rathaus (18. Jh.)*

richtungen und Verbänden. Auf der „Museumsmeile“ an der Friedrich-Ebert-Allee/Willy-Brand-Allee sind renommierte Häuser wie Perlen an einer Schnur von nur rund 2.000 Metern Länge aufgefädelt: Herausragende Stellung nehmen dabei die „Kunst- und Ausstellungshalle der Bundesrepublik Deutschland“ und das „Haus der Geschichte“ sowie das naturkundliche „Museum Koenig“ ein. Der Platz zwischen den Museen verwandelt sich im Sommer zu Open-air Bühne für Konzerte aller Art. Während die Villa Hammerschmidt in der folgenden Parkanlage

*Das Palais Schaumburg – einst Sitz des Bundeskanzlers*

weiterhin Domizil des Bundespräsidenten ist, dient der einstige Kanzlersitz, das Palais Schaumburg heute vor allem repräsentativen Zwecken. Hier residierte einst Konrad Adenauer, dessen Denkmal an der Adenauerallee zu finden ist, die das Bundesviertel mit der Innenstadt verbindet. Vorbei am ehemaligen Bundesministerium des Äußeren und dem E.-M.-Arndt-Haus endet sie zwischen den Anlagen des Hofgartens – am Koblenzer Tor. In dieser Höhe, kurz vor der Kennedybrücke, steht am Rhein die ehemalige Zollbastion Alter Zoll, die eine prächtige Aussicht bietet. Die romanische Wasserburg Lede im rechtsrheinischen Stadtteil Vilich befindet sich in Privatbesitz und ist daher nur von außen zu besichtigen. Dafür lohnt der Besuch des Nachbar-Stadtteils Schwarz-Rheindorf allein wegen der romanischen Doppelkapelle der Kölner Erzbischöfe. Sie wurde 1151 geweiht und entspricht dem Typus der Aachener Pfalzkapelle. Die Malereien in den Gewölben stammen aus der Erbauungszeit.

*Die Museumsmeile in Bonn*

*Blick über den Rhein auf das moderne Opernhaus*

# 44 Köln

Schon von weitem grüßt das Wahrzeichen Kölns, der Dom, eines der imponierendsten Bauwerke des Abendlandes. 144 m lang und im Mittelschiff 43,50 m hoch. Die St.-Peters-Glocke ist mit 24 t Gewicht, der Klöppel wiegt allein 16 Zentner, die größte schwingende Glocke der Welt. Einen weiteren Superlativ stellen die herrlichen Glasgemälde dar – der Dom besitzt 1.350 qm mittelalterlicher Fensterflächen. Aus der Vielzahl der einzigartigen Kunstschätze ragt das Gero-Kreuz heraus. Das Kruzifix, gestiftet 976 von Erzbischof Gero, ist die älteste erhaltene Großplastik nördlich der Alpen. Daneben zählt der 6 Zentner schwere Dreikönigenschrein (1180-1220) zu den weltberühmten Sehenswürdigkeiten der Domausstattung.

*Das Bayernfenster im Kölner Dom*

Er enthält die kostbaren Reliquien der drei Heiligen und gilt als überragendes Werk der Goldschmiedekunst. Als Meisterwerk der Kölner Malerschule und Stefan Lochners entstand um 1450 das berühmte Dombild, das heute die Marienkapelle schmückt. Das größte Chorgestühl Deutschlands, um 1310 aus Eichenholz geschnitzt, besteht aus 104 Sitzen. Etwa gleichzeitig entstanden

die Chorschranken mit ihren insgesamt 42 Bildern. Besonders elegant wirken die 144 gotischen Figuren an den Hochpfeilern des Chores.

*Innenansicht des Kölner Doms*

Als sei ein derartiges Bauwerk noch nicht genug, bildeten weitere 12 romanische Kirchen einen Kranz um den Dom als untrügliches Zeichen für den Reichtum der Stadt im Mittelalter. Zusammen begründeten sie den Ruf Kölns als Rom des Nordens oder heiliges Köln. Älteste romanische Kirche ist St. Pantaleon, geweiht 980. Sie besitzt den ältesten erhaltenen Kreuzgang Deutschlands.

Als Colonia Claudia Ara Agrippinensium besaß Köln bereits 50 n. Chr. römisches Stadtrecht. 400 Jahre lang bildete es den nordöstlichen Eckpfeiler des römischen Imperiums. So ist es kein Wunder, dass Köln noch heute reiche Überreste römischer Bauten vorzeigen kann, so Teile der einst 1 km im Quadrat messenden Stadtmauer mit Eckturm und Nordturm, des unterirdischen Kanalsystems der Stadtentwässerung und des 80 km langen Aquädukts, das Quellwasser aus der Eifel heranleitete.

Nachdem Köln bereits im 4. Jahrhundert Bischofsstadt geworden war, schuf Karl der Große um 800 das Erzbistum. Zunächst nur Berater der deutschen Kaiser, wurden die Erzbischöfe im 10. Jahrhundert als Kurfürsten gleichzeitig weltliche Herrscher. Sie ließen um 1220 mit der 6 km langen Stadtmauer und Platz für ca. 40.000 Menschen die damals

*Dekagon von St. Gereon*

*Die Kölner Altstadt mit Dom im Abendlicht*

größte Festung der Welt erbauen. Mit der Gründung der Universität (1388) gewann die Stadt weiter an Bedeutung, ehe sie nach der Entdeckung Amerikas ihren Rang als Handelszentrum an die Seehäfen verlor.

Aus jener Hochblüte der Stadt stammen neben den Kirchen das romanische Overstolzenhaus (13. Jh., gotische Wandgemälde), das gotische Rathaus (14. Jh.) mit seiner prächtigen Renaissancehalle und dem jüdischen rituellen Tauchbad (12. Jh.) auf dem Vorplatz sowie der ebenfalls gotische Prachtbau des Gürzenich (15. Jh.), in dem der Rat der Stadt einst Kaiser und Könige empfing. Im Bereich der Altstadt findet der aufmerksame Betrachter trotz der Zerstörungen des 2. Weltkrieges immer noch weitere Bürgerhäuser aus dem 14.-18. Jahrhundert und noch ältere Reste der Stadtbefestigung mit mächtigen

Türmen und drei erhaltenen Torburgen. Aus der Barockzeit stammt die Kirche St. Mariä Himmelfahrt, der bedeutendste Jesuitenbau in Nordwestdeutschland. Damals wirkte in Köln auch der berühmte Maler Paul Rubens, von dem einige Gemälde im Wallraf-Richartz-Museum zu sehen sind.

Die Stadt blieb ab 1794 von französischen Revolutionstruppen besetzt. Napoleon löste das Erzbistum auf und zog – wie überall in Deutschland – das Kirchengut fast vollständig ein. Nachdem Köln 1815 an Preußen gefallen und wieder Sitz eines Erzbischofs war, begann erneut ein wirtschaftlicher Aufschwung. Besonders unter der

*Napoleon Bonaparte*

Regierung des Oberbürgermeisters Konrad Adenauer (ab 1917) gewann die Stadt zunehmend an Bedeutung, ehe der 2. Weltkrieg ihr riesige Verluste einbrachte: 95 % der Altstadt wurden zerstört, die Bevölkerung sank von 800.000 auf ganze 40.000. In unnachahmlicher Weise jedoch erfolgte in den 50er und 60er Jahren der Wiederaufbau, auch die romanischen Kirchen erstanden wieder neu. Heute ist Köln eines der bedeutendsten Verkehrszentren Europas mit wichtigen Eisenbahnlinien, einem Ring von Autobahnen, 8 Rheinbrücken, einem bedeutenden Hafen für den Umschlag von Seetransporten und einem modernen Flughafen. Dazu ist es das größte Fernseh- und Rundfunkzentrum Europas, Handelsmetropole von europäischem Rang und Sitz von Weltfirmen wie Ford, Klöckner-Humbold-Deutz und 4711, die in den Außenbezirken angesiedelt sind. Scharen von Gästen besuchen die Messen und Kongresse der Stadt sowie auch ihre kulturellen Einrichtungen.

Unter den 9 städtischen, ungezählten kirchlichen und firmeneigenen Museen ragen das Wallraf-Richartz-Museum (Malerei des Mittelalters bis 1900) und das Museum Ludwig (Kunst der Neuzeit) hervor, die zusammen mit dem Konzertsaal der Philharmonie in einem modernen Gebäude zwischen Dom und Rhein untergebracht sind. Das Wallraf-Richartz-Museum befindet sich seit November 2000 im neuen Domizil. Die Kunsthalle und 120 Galerien vervollständigen das umfang-

*Tünnes & Schäl*

*Brauerei-Kneipe „Alt Köln"*

reiche Angebot für den Liebhaber von Malerei und Plastik. Der Theaterfreund findet neben dem Opern- und Schauspielhaus auch Klein- und Volksbühnen. Eine umfangreiche Sammlung römischer Kultur am Rhein bietet das Römisch-Germanische Museum.

Trotz ihres Weltstadtcharakters findet der Besucher in Köln auch immer wieder romantische Ecken mit Brauhäusern, Pinten und Kneipen, in denen er das berühmte Kölsch genießen kann. Zwei Grüngürtel umschließen die Stadt. Der äußere ist 12 km lang

*Musical Dom*

# Köln

Hauptbahnhof

Domplatte

Haus in der Glockengasse

Cinedom

Köln Arena

*Fischmarkt in der Altstadt*

und lädt mit seinen endlosen Spazierwegen, Stadionanlagen sowie Spiel- und Liegewiesen zur aktiven Entspannung ein. Den Ruf Kölns als der Stadt im Grünen hat auch der neuzeitliche 600 m lange Tunnel gefestigt, der die Rheinanlagen vom Autoverkehr freihält. Nördlich des Stadtzentrums überquert eine Stromgondelbahn den Rhein und verbindet den attraktiven Zoo mit dem Erholungsgebiet Rheinpark in Köln-Deutz.

## 45 Rheinweine

Wer am Rhein entlang einem der malerischsten Abschnitte zwischen Mainz und Koblenz folgt, dem werden nur selten Landschaften auffallen, in denen die Weinrebe nicht eine bedeutende Rolle spielt. In der Tat ist für die meisten Leute ein Ausflug an den Rhein, ohne die dort angebauten erlesenen Weine zu probieren, beinahe undenkbar. Der Weinbau am Rhein blickt auf eine lange und traditionsreiche Geschichte zurück, die bis in die Zeit der Römer reicht. Diese erkannten schnell, welche Vorteile das Klima und die Bodenbeschaffenheit dieses Landstrichs bargen und nutzten diese aus. Im Mittelalter verbreitete sich der Ruf des Rheinweins durch ganz Europa, so dass es nicht besonders überrascht, dass Shakespeare König Claudius, den Bösewicht in Hamlet, Rheinwein trinken lässt. Rheinische Weine erfreuen sich bis heute unverminderter Beliebtheit, das beste Zeugnis für das Können und die Erfahrung der Winzer in dieser Region, die hart arbeiten, um die lange Tradition hoher Qualität aufrechtzuerhalten. Der in diesem Führer beschriebene Teil des Rheins umfasst 3 der 11 Weinregionen Deutschlands. Die Erzeugnisse jeder dieser Weinanbaugebiete haben ihre ganz besonderen Eigenschaften und ihren individuellen Reiz.

### Der Rheingau

Die Legende sagt, dass Karl der Große an einem eiskalten Morgen von seinem Schloss in Ingelheim über den Rhein blickte und bemerkte, dass nur auf dem Johannisberg der Schnee geschmolzen war. Daraufhin soll er unverzüglich Anweisungen gegeben haben, dort Weinreben zu pflanzen. Falls das wahr ist, wäre der fränkische Kaiser ein hervorragender Winzer gewesen, denn der Johannisberg liegt im Herzen der zweifellos renommiertesten

*Weinlese bei Assmannshausen*

Weingegend Deutschlands, dem Rheingau, dessen geringe Erzeugnismenge (etwa 2,5% von Deutschland Weinproduktion) in keinem Verhältnis zu seiner Qualität und Bedeutung steht. Geographisch beginnt der Rheingau am Main ein paar Kilometer östlich von Wiesbaden und erstreckt sich entlang des rechten Rheinufers bis nach Lorchhausen kurz hinter Rüdesheim. Die besonders günstigen klimatischen Bedingungen ergeben sich aus der Tatsache, dass der Rhein zwischen Basel und Rotterdam nur hier in einer ungefähren Ost-West-Richtung fließt, so dass die nach Süden gelegenen Hänge fast den ganzen Tag von der Sonne beschienen werden, während die Hügel des Taunus im Norden Schutz vor strengem Frost bieten. Ferner erreicht der Rhein in diesem Gebiet eine Breite von bis zu 400 Metern und wirkt so als riesiger Spiegel, der die Sonnenwärme auf ideale Weise auf spätreifende Trauben wie den Riesling wirft, der über 80% des Rheingauweines ausmacht. Rotwein findet man am Rhein nur als Ausnahme, auf dem Schieferboden in und um Assmannshausen wachsen jedoch exzellente Spätburgunder-Weine. Außerdem sind Städte wie Eltville und Hochheim berühmt für ihre vielseitigen Sektvariationen, während Geisenheim Sitz eines Weinforschungsinstituts ist, zu deren Errungenschaften die Entwicklung der Müller-Thurgau- und Ehrenfelser-Rebe zählt. Besucher mit ein wenig Zeit genießen diese Region am besten indem sie der Rheingau-Riesling-Route fol-

gen, einem 35 km langen Weg, der ideal mit dem Fahrrad und zu Fuß bewältigt werden kann (gekennzeichnet mit einem Kronglas auf grünem Hintergrund).

*Viele Helfer sind bei der Weinlese am Rhein notwendig*

## Rheinhessen

Rheinhessen ist das Gebiet im Dreieck zwischen Mainz, Worms und Bingen, in dem circa die Hälfte der landwirtschaftlich genutzten Fläche dem Weinbau gewidmet wird. Diese Anbaudichte (fast 25.000 Hektar) bedeutet, dass beinahe ein Viertel der gesamten deutschen Weinproduktion aus den 133 Weinorten in Rheinhessen stammt. Obwohl Müller-Thurgau und Sylvaner hier am häufigsten angebaut werden, ist die Rieslingtraube ebenfalls gut vertreten und auch seltenere Sorten (z.B. Scheurebe, Bacchus, Kerner, Portugieser) werden mit Erfolg angebaut, ebenso wie neue Hybriden wie die Huxelrebe, Ortega und Siegerrebe. Die Weinberge um Ingelheim sind bekannt für ihre hervorragenden Spätburgunder-Rotweine. Zahlreiche Weine der Region, beispielsweise Liebfrauenmilch

(Worms) sowie die Weine aus der Gegend um Nierstein und Oppenheim sind im Ausland besonders begehrt.

## *Der Mittelrhein*

Diese Weinregion erstreckt sich etwa 100 km auf beiden Seiten des Rheins. Am linken Rheinufer beginnt sie bei Bingen (wo sie unmittelbar an die Nahe-Region im Süden angrenzt) und verläuft bis Koblenz, das an der nördlichsten Spitze der Mosel-Saar-Ruwer-Region liegt. Am rechten Ufer beginnt sie bei Lorch (hier ist der Rheingau zu Ende), verläuft etwas über Koblenz hinaus und erstreckt sich nach einer kurzen Unterbrechung von Leutesdorf bis zu den nördlichen Wohngebieten von Königswinter. Dank der oft steilen, geschützten Hänge des Tals und der vom Rhein reflektierten und gespeicherten Wärme ist das Klima mild, während der Boden (Schiefer, teilweise Vulkanerde) für die Rieslingtraube, die Weine von überraschender Komplexität hervorbringt, besonders geeignet ist. Auch die Müller-Thurgau-Rebe gedeiht hier, und es gibt kleine Inseln mit Spätburgunder-Reben, aus denen ungewöhnliche, von Kennern hoch geschätzte Rotweine und Rosés entstehen. Die Weine aus dieser Region sind insgesamt betrachtet eher eine Seltenheit, da sie weniger als 1% der gesamten Weinproduktion Deutschlands ausmachen.

*Weinfass in St. Goarshausen*

*Schwerstarbeit ist die Weinlese auf Grund der steilen Hänge am Rhein*

## Edelfäule

Dem Jahr 1775 gebührt ein besonderer Ehrenplatz unter den denkwürdigen Jahrgängen des Rheinweins, denn damals wirkten Unfähigkeit und Glück zusammen und führten zur Entdeckung der Vorzüge der sogenannten „Edelfäule". In dieser Zeit gehörte Schloss Johannisberg mit seinen ausgedehnten Weinbergen in der Nähe von Östrich-Winkel dem Abt von Fulda, ohne dessen Erlaubnis die Weinlese nicht beginnen durfte. Im Jahr 1775 kam der Bote des Abts ungewöhnlich spät, die Trauben waren bereits von einem Pilz befallen und schienen an den Reben zu faulen. Obwohl man dachte die Ernte sei ruiniert, so brachten die scheinbar verfaulten Trauben einen Jahrgang von noch nie da gewesener Qualität hervor. Und so war die Verspätung eines Mönchs der Grundstein für die Spätlese - die noch bessere Resultate erzielt, wenn die Trauben vom Pilz Botrytis cinerea, der „Edelfäule", befallen sind, die bewirkt, dass die Frucht schrumpft und der natürliche Zuckergehalt steigt.

# 46 Reisen und Transport auf dem Rhein

Heutzutage ist eine Schiffs- oder Zugreise entlang des Mittelrheins eine angenehme und entspannende Art, eine der schönsten Landschaften in Deutschland zu genießen. Nur wenige Reisende, die diese bezaubernde Aussicht auf sich wirken lassen, wissen, dass vor nicht allzu langer Zeit eine Reise in diesem Flussabschnitt oftmals schwierig und in manchen Fällen regelrecht gefährlich sein konnte. Auch heute benötigen die Kapitäne von Passagier- und Frachtschiffen eine gute Ausbildung und viel Erfahrung, um die heiklen Flusspassagen zu meistern, wobei die Launen des Wetters nach wie vor die gesamte Schifffahrt abrupt lahm legen können.

Auf dem schmalen Mittelrhein mit seinen trügerischen Querströmungen zu navigieren, war schon immer mit zahlreichen Problemen verbunden, obgleich archäologische Funde belegen, dass sowohl Römer als auch Kelten den Fluss für den Transport ihrer Güter nutzten. Im frühen Mittelalter wurde die Nutzung des Flusses zu einem königlichen Privileg, das der König nur gegen Zahlung einer Abgabe bereit war auch anderen zu gestatten. Diese Abgabe war an sich für die Instandhaltung des Flusses und der Treidelpfade gedacht. Bis etwa 1200 waren viele Rechte zur Nutzung des Flusses verkauft oder von den Fürsten der Region einfach übernommen worden, die diese Einkommensquelle dann nach Möglichkeit schröpften. Bis ins 19. Jahrhundert waren Reisen auf dem Mittelrhein mühselig und langsam. Einige Stellen waren besonders schwer zu passieren, z.B. der Abschnitt am Binger Loch zwischen Assmannshausen und Rüdesheim, wo größere Schiffe mit 40 Pferden flussaufwärts durch die schmale Stelle mit ihrer starken Strömung gezogen werden mussten. Die Fahrt flussabwärts erforderte ebenfalls großes Geschick um die trügerischen

Strömungen zu meistern, ganz zu schweigen davon, dass schwere Regenfälle oder eine längere Trockenperiode die Schifffahrt wochenlang zum Stillstand bringen konnte.

Im 18. Jahrhundert wurde die Verbreiterung des Binger Lochs, das nun Schiffen mit einer Breite von bis zu 6,5 Metern die Durchfahrt ermöglichte, als ein großer Fortschritt in der Rheinschifffahrt gefeiert, jedoch sollte sich im darauffolgenden Jahrhundert die Praxis der Flussschifffahrt völlig neu gestalten. Ein Grund dafür war die allmähliche Erkenntnis, welchen wirtschaftlichen Wert der Rhein als kommerzielle Wasserstraße hatte. Johann Gottfried Tulla hatte die Idee, den Fluss des Rheins zu regulieren, um großen Schiffen und Kähnen den Transport von Gütern zwischen Basel und Rotterdam zu ermöglichen. Dieser Plan wurde ab 1817 in die Tat umgesetzt und führte zu einer Kürzung des Flusses um ganze 80 km. Ein Hindernis beeinträchtigte jedoch den Erfolg des Projekts und zwar die Erhebung von Abgaben und Zöllen entlang des Rheins. Die Anzahl der Zollstellen wurde 1804 von 34 auf 12 reduziert, und 1832 wurden fast alle Gebühren und Zölle für Schiffe aus Nationen, deren Staatsgrenzen ein Rheinufer beinhalteten, abgeschafft. Schließlich wurde der Rhein 1868 eine freie internationale Wasserstraße. Das Binger Loch wurde zwar weiter verbreitert, blieb aber eine erhebliche Hürde, denn alle Schiffe, die zwischen Bingen und Kaub fuhren, mussten ab ca. 1870 bis weit in das 20. Jahrhundert hinein besondere Lotsen an Bord nehmen. Das Binger Loch wurde 1893/94 auf 30 Meter verbreitert, aber erst die Eröffnung eines neuen 120 Meter breiten Kanals im Jahr 1966-67 führte dazu, dass dieser Engpass für die bis zu 200 Schiffe, die ihn heute passieren, keine Gefahren mehr in sich barg.

Ein weiterer bedeutender Faktor für die Zunahme der Flussschifffahrt war die Entwicklung des Dampfschiffs. Im Jahr

1816, dem Jahr nach Napoleons endgültiger Niederlage bei Waterloo, trat das Holzdampfschiff „Defiance" mit seinen 14 Pferdestärken erstmals gegen die starken Strömungen des Rhein an. Obgleich es nicht weiter als bis Köln kam, brauchte es von Rotterdam aus für diese Strecke nur 4 Tage, eine Reise, die sonst zwei Wochen dauerte, weil die Schiffe von bis zu 30 Pferden den Fluss hinauf gezogen werden mussten. Im folgenden Jahr gelangte die mit einem stärkeren Motor ausgestattete „Caledonia" (50 PS) erfolgreich flussaufwärts bis Koblenz, und dem holländischen Dampfschiff „De Zeeuw" gelang 1824 die Fahrt bis nach Bacharach. Eine triumphale Bootsfahrt von König Friedrich Wilhelm II im darauffolgenden Jahr führte zur Gründung der Preussisch-Rheinischen Dampfschifffahrtsgesellschaft im Jahr 1826, die ein Jahr später regelmäßige Fahrten von Köln nach Mainz auf der „Concordia" und der „Friedrich Wilhelm" anbot und bereits im ersten Jahr ihres Bestehens über 30.000 Passagiere beförderte. 1836 wurde in Düsseldorf eine Konkurrenzgesellschaft gegründet, und durch die Fusion der beiden Schifffahrtslinien 1853 entstand die Köln-Düsseldorfer Rheindampfschifffahrtsgesellschaft, die es heute noch gibt. Im späten 19. Jahrhundert transportierte diese Gesellschaft im Durchschnitt ca. 1 Million Passagiere im Jahr, das Rekordjahr war 1928 mit über 2,6 Millionen Passagieren.

Die Eisenbahn wurde schon bald zu einer starken Konkurrenz für die Vergnügungsdampfer. Die ersten Eisenbahnstrecken im Rheinland wurden in den zum Rhein führenden Tälern gebaut, so dass erst 1844 eine erste Trasse am Mittelrhein zwischen Bonn und Köln entstand. Danach fand eine schnelle Entwicklung statt, so dass es bereits 1863 möglich war, die 1.035 km zwischen Konstanz und Rotterdam am Rhein entlang zu reisen. Heute wird das linken Ufer hauptsächlich für Personenzüge und das rechte Ufer im wesentlichen für Güterzüge (300-350 Züge pro Tag) genutzt. Wenn man bedenkt, dass zusätzlich zu den Lastkähnen und Güterzügen etwa 25.000 Fahrzeuge die B42 und B9 am rechten bzw. linke Rheinufer befahren, wird einem klar, dass der Mittelrhein nicht nur eine landschaftlich wunderschöne Region ist, sondern auch ein überaus wichtiger Knotenpunkt in der wirtschaftlichen Infrastruktur Deutschlands.

*oben: Der Duisburger Hafen*
*unten: Zahlreiche Transportschiffe fahren auf dem Rhein*

# Hildegard von Bingen

Eine leidenschaftliche Mystikerin, eine nüchterne Verwalterin, eine Dichterin und Visionärin, eine scharfsinnige Politikerin, eine ungemein produktive Komponistin, eine „ungelehrte" religiöse Einsiedlerin, die mit einigen der wichtigsten Politiker und Denker des Mittelalters korrespondierte, „nur ein schwaches Weib", eine scharfsichtige Naturkundlerin, eine überzeugende Rednerin und eine überaus fachkundige Landwirtin: all dies war Hildegard von Bingen und doch so viel mehr. Auch heute noch erstaunt einen unwillkürlich die Vielseitigkeit und Komplexität einer Frau, deren Schicksal es war, mit 8 Jahren in ein Nonnenkloster gegeben zu werden und die nächsten 73 Jahre überwiegend hinter den schützenden Mauern zweier Kloster mit Blick auf den Rhein zu verbringen. Obwohl seit ihrem Tod im Jahre 1179 mehr als 800 Jahre vergangen sind, haben ihre Schriften nichts von ihrer ursprünglichen Kraft und Bedeutung eingebüßt. Vielmehr wurde Hildegard von Bingen durch die Vielfältigkeit und Reichweite ihrer Arbeiten zu einer beliebten „Heiligen" für die Anhänger unterschiedlichster Bewegungen wie die Frauenbewegung, New Age, Holismus, Vegetarismus, Astrologie und Naturheilkunde. Sie selbst hätte diese selektive Betrachtungsweise von Bruchstücken ihrer Arbeiten wohl kaum gebilligt: Hildegard war in erster Linie eine christliche Denkerin, die ihre musikalischen, dichterischen und analytischen Fähigkeiten dazu verwendete zu zeigen, dass auch die kleinsten Dinge die Einheit und Logik eines von einem allmächtigen Gott geschaffenen und regierten Universums widerspiegeln, einem Gott, der sich durch die vollkommene Liebe manifestiert.

Hildegard wurde 1098 als zehntes Kind adliger Eltern in der Nähe von Alzey (Rheinhessen) geboren. Sie trat als Kind in das Benediktinerinnenkloster vom Disibodenberg in der Nähe von Bingen ein und legte im Alter von 16 Jahren die Ordensgelübde ab. Im Jahr 1136 wurde sie zur Äbtissin gewählt, einen Posten, den sie über 30 Jahre lang innehatte. Neben ihren täglichen Pflichten erstellte Hildegard die Pläne für ein neues Kloster auf dem nahe gelegenen Rupertsberg. Sie beaufsichtigte die Bauarbeiten und wurde anschließend Äbtissin des Klosters. Hildegard gründete auch einen kleinen angegliederten Konvent im verlassenen Augustinerkloster in Eibingen oberhalb von Rüdesheim auf der gegenüberliegenden Rheinseite. Mit zunehmender Berühmtheit kommen Pilger und Besucher aus aller Welt um ihre Meinung und ihren Rat zu vielfältigen Angelegenheiten zu erbitten - so berichtet ihr Biograph Wibert. Hildegard unternahm auch eine Reihe von Reisen, auf denen sie gegen die Übel der Zeit predigte. Kurz vor ihrem Tod im Jahr 1179 wurde über das Kloster Rupertsberg tatsächlich ein Interdikt verhängt, weil sie einen exkommunizierten Mann auf dem Klosterfriedhof begraben lässt. Obgleich sie häufig krank war, lebte Hildegard bis zum hohen Alter von 82 Jahren, ihr Totenbett soll in einem Kreuz aus Licht gebadet gewesen sein, ein Zeichen dafür „mit welcher Fülle an Licht (Gott) seine Lieben im Himmel erstrahlen lässt."

Hildegards Ausbildung war wahrscheinlich rudimentär, und ihre eigenen abfälligen Worte über ihre akademischen Kenntnisse lassen sich nicht allein der geforderten Demut zuschreiben. In der Tat waren ihre Kenntnisse in Latein (zur damaligen Zeit die „Weltsprache") mangelhaft, so dass die sie ihre Werke mit Hilfe eines Schreibgehilfen verfassen musste. Die Regeln des Benediktinerordens mit den Schwerpunkten Beten, Lesen und Arbeiten sorgten dafür, dass sie eine hervorragende Grundlage in allen Belangen des christlichen Glaubens sowie ein fundiertes Verständnis des praktischen Alltags bei der Führung eines Konvents erhielt. Hildegard hatte zwar bereits als Kind visionäre Erlebnisse, verspürte aber erst nach 1141 den Drang, diese Erfahrungen niederzuschreiben. Die ausdrückliche Bestätigung durch Papst Eugen III. auf der Trierer Synode 1147/48 diente ihr als weitere Anregung. Das Herzstück ihrer Schriften bilden die drei großen Visionswerke, an denen sie jeweils etwa ein Jahrzehnt schrieb: Liber scivias, Liber vitae meritorum und Liber divinorum operum. Ferner verfasste Hildegard umgangreiche Schriften zu den Themen Naturwissenschaften und Heilkunde, sie trug überliefertes Wissen und ihre eigenen Gedanken und Erfahrungen zu einem Kompendium des Wissens zusammen. Ihre Gedichte- und Hymnensammlung, die Symphonia, zählt zu den größten lyrischen Werken des Mittelalters.

# Der Rhein in der Literatur

Für die Römer war der Rhein lediglich ein beeindruckendes, wenn auch etwas Furcht einflößendes Hindernis, das die Zivilisation vor der Zerstörungswut der Barbaren schützte; in späteren Jahrhunderten wurde er zu einer streng bewachten Einkommensquelle für Händler und Fürsten sowie eine Machtbasis von großer strategischer Bedeutung. Da sich das Wesen der Kriegsführung nach dem Mittelalter änderte, wurden die Schlösser zerstört oder zerfielen einfach, und den wenigen Besuchern dieser Gegend fiel vor allem die Armut der Bevölkerung und der schlechte Zustand der meisten Städte ins Auge. Obgleich einige Dichter auch früher schon die Landschaft am Mittelrhein als einigermaßen reizvoll empfanden, so waren es doch die Romantiker, die völlig fasziniert waren von der unberührten Schönheit dieses Landstrichs mit seinen pittoresken Ruinen und Dörfern, jedes scheinbar eine widerspenstige Erinnerung an vergangene Tage als Deutschland eine sehr viel bedeutendere Rolle spielte, als der Zustand der Unterdrückung zu Beginn des 19. Jahrhunderts es vermuten ließ. Durch die Feder weniger begnadeter Dichter verkam diese aufkeimende Begeisterung zu einer Mischung aus Sentimentalität und säbelrasselndem Nationalismus, der seinen Höhepunkt in dem patriotischen Lied „Die Wacht am Rhein" fand, das um 1840 verfasst wurde. Erst nach dem Zweiten Weltkrieg konnte sich der Rhein endgültig vom Beiklang des Nationalismus befreien und gilt heute zu Recht als ein Symbol für Versöhnung und Verständnis statt für Streit und Zwietracht.

Die folgende Zitatensammlung zeigt, wie sich die Einstellung zum Rhein über die Jahrhunderte gewandelt hat.

***Vergil:*** „Wehe, den Schnee des Alpengebirgs und Fröste des Rhein-Stroms Schaust du allein, und ich bin fern. So tue der Reif dir niemals weh ..."

***Decimus Magnus Ausonius:*** „O du wunderschöner Rhein."

***Friedrich von Matthisson*** (Der Genfer See): „Der deutschen Ströme König bist du, Rhein."

***Johann Wolfgang von Goethe:*** „des Rheins gestreckten Hügeln, hochgesegneten Gebreiten, Auen, die den Fluss bespiegeln, weingeschmückten Landesweiten."

„Wie begrüßt ich so oft mit Staunen die Fluten des Rheinstroms, Wenn ich, reisend nach meinem Geschäft, ihm wieder mich nahte! Immer schien er mir groß, und erhob mir Sinn und Gemüte."

(Faust) „... wenn ich wählen soll, so will ich Rheinwein haben
das Vaterland verleiht die allerbesten Gaben."

***Friedrich Schlegel:*** „Überall belebt durch die geschäftigen Ufer, immer neu durch Windungen des Stroms, und bedeutend verziert durch die kühnen, am Abhange hervorragenden Bruchstücke alter Burgen, scheint diese Gegend mehr ein in sich geschlossenes Gemälde und überlegtes Kunstwerk eines bildenden Geistes zu sein, als einer Hervorbringung des Zufalls zu gleichen."

„... der alte vaterländische Strom erscheint uns nun wie ein mächtiger Strom naturverkündender Dichtkunst."

***Achim von Arnim:*** „... so braust unter mir zwischen den Binger Felsen der starke Rhein und schäumt unwillig über den nutzlosen Widerstand; aber die Berge scheinen noch immer sich an ihn drängen zu wollen, die sinkenden Felsstücke mit den alten Schlössern auf ihren Spitzen fallen in ihn hinab, auch die Bäume auf der Höhe und die Weinstöcke tieferhin saugen ihm sein feuriges Blut aus - und wir in der Höhe nähren uns von allem dem, als wenn es aus uns hervorgegangen wäre, als aus dem ewigen schöpfenden Geist."

***Lord Byron:*** „Das Schloss auf dem hohen Drachenfels
schaut finster über den weiten, sich schlängelnden Rhein"

***Carl Gustav Carus*** (über die Wernerkapelle bei Bacharach): „Hier ist ja dasselbe, was uns in Italien so mächtig ergreift: eine großartige Natur, ein weltgeschichtlicher Boden und bedeutende Monumente, in deren Fortbildung, wie in deren Zerstörung mannigfaltige vorübergegangene Perioden einer großen Zeit ihre tiefsinnigen Lettern gegraben haben"!

***Carl Zuckmayer:*** „weiter oben am Fluss, wo der Rhein ..... geruhsam und heftig zwischen kupfrigen Weinbergen und flacher Obsthalde hinströmt ... In welcher anderen Landschaft tut eine reich besiedelte, üppigtreibende Natur ihr Bild so still und behütsam dar?"

***Ludwig Hölty*** (Trinklied): „Ein Leben wie ein Paradies gewährt uns Vater Rhein".

49

# Die Mosel

Betrachtet man den Rhein als den „König deutscher Flüsse“, so ist die romantische Mosel ganz sicher als seine wunderschöne Braut und Königin zu sehen, die mit ihrer erstaunlich vielfältigen Landschaft und ihren unverdorbenen historischen Städten zu den am meist besuchten Regionen Deutschlands zählt. Am Zusammenfluss dieser beiden großen europäischen Wasserstraßen gelegen, ist Koblenz der ideale Ausgangspunkt, die Schönheit der Natur und die historischen Sehenswürdigkeiten an der Unter- und Mittelmosel zu erkunden. Dies lässt sich sowohl mit dem Boot, Auto oder Fahrrad oder gar zu Fuß dem landschaftlich reizvollen Mosel-Höhenweg folgend, der sich an beiden Ufern des Flusses erstreckt (150 bzw. 186 Kilometer entlang der nördlichen Eifel bzw. dem südlichen Hunsrück) genießen. So gemächlich und ohne Eile wie die Mosel die beinahe 200 Kilometer zwischen der bedeutenden Römerstadt Trier und dem berühmten Deutschen Eck unterhalb der mächtigen Feste Ehrenbreitstein entlang fließt, sollte auch der Besucher einen Ausflug am „grünsten aller Flüsse“ und der „schönsten Tochter des Rhein“, wie der römische Dichter Ausonius dies ausdrückte, unternehmen.

*Kaisertherme Trier*

*Der Hauptmarkt mit der Stadtkirche St. Gangolf*

Im Laufe der Jahrhunderte ist am schlängelnden Lauf der Mosel eine einzigartige, Landschaft entstanden - atemberaubend und Ruhe ausstrahlend zugleich - die den Besucher einlädt, sich ausgiebig von der Hektik des modernen Alltags zu erholen. Einen weiteren Anreiz zu verweilen bieten die hervorragenden Weinberge, die sich an den steilen Hängen oberhalb des Flusses erstrecken. Die Römer, die vor 2.000 Jahren die einheimische keltische Bevölkerung unterwarfen, haben schnell erkannt, dass diese Gegend bestens für den Weinbau geeignet ist. Obwohl es sich um eines der nördlichsten Weinanbaugebiete Europas handelt, ist das Klima an der Mosel besonders günstig für spät reifende Reben (z.B. Riesling), denn das enge Tal fungiert als Wärmespeicher, während der Fluss die Wirkung eines Spiegels hat, der die Sonnenstrahlen intensiv auf die nach Süden gelegenen Hängen reflektiert.

Der Schutz vor dem kalten Nordwind bedeutet auch, dass die Gefahr späten oder frühen Frosts weitgehend ausgeschlossen ist. Ein ebenso wichtiger Aspekt ist der schiefer- und quarzithaltige Boden, der für die anspruchsvolleren Rebsorten, aus denen Jahrgänge höchster Qualität hervorgehen können, von großem Vorteil ist. Daher werden Städte wie Piesport, Bernkastel und Zell von Liebhabern exzellenter Weißweine hoch geschätzt.

Der Weinanbau war während des Mittelalters nur eine der Quellen des Wohlstands im Moseltal, der zur Gründung und Ausbreitung zahlreicher bedeutender Städte und Siedlungen führte, von denen viele noch heute eindrucksvolle Zeugnisse

*Porta Nigra*

ihrer langen und interessanten Geschichte aufweisen. Die außerordentliche strategische Bedeutung der Mosel führte natürlich dazu, dass viele Fürsten und Grafen ihre Ansprüche durch den Bau eindrucksvoller Festungen geltend machten, deren Überreste heute noch auf zahlreichen Hügeln zu sehen sind. Leider fielen viele dieser imposanten Bauwerke während des Pfälzischen Erbfolgekrieges (1688-97) dem Expansionsstreben Ludwigs XIV. zum Opfer. Darauf folgte ein Jahrhundert des Niedergangs und der Vernachlässigung, bis schließlich das Moseltal im 19. Jahrhundert von Touristen „wiederentdeckt" wurde.

Selbst heute stellen die an den Ufern der Mosel gelegenen Städte wie Cochem, Beilstein, Brodenbach, Bernkastel-Kues und das mittelalterliche Juwel Ediger den Inbegriff deutscher Geschichte und Kultur über die Jahrhunderte hinweg dar. Auch sollte man sich den Klassiker unter den zahlreichen imposanten Burgen in der Region nicht entgehen lassen - die Burg Elz. Ein paar Kilometer in einem Seitental gelegen, ist die Feste wunderbar erhalten geblieben und bietet einen atemberaubenden Ausblick. Und nicht zu vergessen Trier - flussaufwärts oberhalb der landschaftlich reizvollen Mittelmosel gelegen - das als älteste Stadt Deutschlands einige der schönsten römischen Bauten nördlich der Alpen, wie die Porta Nigra, die Kaiserthermen, ein Amphitheater und die Basilika sein eigen nennt.

*Cochem*

# 50 Information und Verkehrsämter

## Andernach

Andernach.net Informations- u. Citymanagement GmbH
Läufstraße 4 · 56626 Andernach
Telefon: 026 32/98 79 48-0
Telefax: 026 32/98 79 48-30
E-mail: info@andernach.net
Internet: www.andernach.net

## Assmanshausen

Verkehrsamt Assmanshausen
Geisenheimer Straße 22 · 65385 Assmanshausen
Telefon: 067 22/29 62
Telefax: 067 22/34 85
E-mail: touristinfo@t-online.de
Internet: www.ruedesheim.de

## Bacharach

Rhein-Nahe Touristik Bacharach
Oberstraße 45 · 55422 Bacharach
Telefon: 067 43/91 93 03
Telefax: 067 43/91 93 04
E-mail: info@rhein-nahe-touristik.de
Internet: www.rhein-nahe-touristik.de

## Bad Honnef-Königswinter

Tourismus Siebengebirge GmbH Bad Honnef-Königswinter
Drachenfelsstraße 51 · 53639 Königswinter
Telefon: 022 23/91 77 11 (Königswinter)
Telefax: 02223/91 77 20
Tel.: 022 24/90 06 36 (Bad Honnef)
Telefax: 022 24/796 87
E-mail: info@siebengebirge.com
Internet: www.siebengebirge.com

## Bad Hönningen

Verkehrsamt – Kurverwaltung
Neustraße 2 a · 53557 Bad Hönningen
Telefon: 026 35/22 73
Telefax: 026 35/27 36
E-mail: info@bad-hoenningen.de
Internet: www.bad-hönningen.de

## Bingen

Tourist-Information
Rheinkai 21· 55411 Bingen
Telefon: 067 21/18 42 00 u. 18 42 05
Telefax: 067 21/162 75
E-mail: tourist-information@bingen.de
Internet: www.bingen.de

## Bonn

Tourist-Information Bonn
Windeckstr. 2 · Am Münsterplatz 53111 Bonn

Telefon: 02 28/77 50 00
Telefax: 0228/775077
Internet: www.bonn.de

## Boppard

StadtverwaltungBoppard/
Tourist Information
Karmeliterstraße 2
D-56154 Boppard
Telefon: 067 42/38 88
Telefax: 067 42/814 02
E-mail: tourist@boppard.de

## Braubach

Tourist – Information
Rathausstr. 8 · 56338 Braubach
Telefon: 026 27/976 00-1
Telefax: 026 27/976 00-5
Marksburg Deutsche Burgenvereinigung
56338 Braubach
Telefon: 026 27/536 u. 206
Telefax: 026 27/88 66
E-mail: marksburg@deutsche-burgen.org
Internet: www.marksburg.de

## Hammerstein

Gemeindeverwaltung Hammerstein
Kapellenstr. 5 · 56598 Hammerstein
Telefon: 026 35/42 05
Telefax: 026 35/97 17 27
E-mail: windheuser@t-online.de
Internet: www.hammerstein-am-rhein.de

## Ingelheim

Stadtinformation
Neuer Markt 1 · 55218 Ingelheim am Rhein
Telefon: 061 32/78 22 16
Telefax: 061 32/78 21 34
E-mail: touristeninformation@ingelheim.de
Internet: www.ingelheim.de

## Kamp-Bornhofen

Verkehrsamt Kamp-Bornhofen
Rheinuferstraße 34 · 56341 Kamp-Bornhofen
Telefon: 067 73/93 73
Telefax: 067 73/93 74

## Kaub

Städtisches Verkehrsamt Kaub
Schulstraße 12 · 56349 Kaub
Telefon: +49 67 74/222
Telefax: +49 67 74/82 30
E-mail: stadt.kaub@t-online.de

## Koblenz

Tourist – Information
Am Rathaus · 56068 Koblenz
Telefon: 02 61/13 09 20
Telefax: 02 61/313 04
E-mail: tourist@Koblenz.de
Internet: www.Koblenz.de

## Koblenz

Tourist – Information
Am Hauptbahnhof · 56068 Koblenz
Telefon: 02 61/130 92 11
Telefax: 02 61/100 43 88
E-mail: tourist@Koblenz.de
Internet: www.Koblenz.de

## Köln

Köln Tourismus Office
Unter Fettenhennen 19 · 50667 Köln
Telefon: 02 21/333 45 u. 194 33
Telefax: 02 21/22 12 33 20
E-mail: koelntourismus@koeln.org
Internet: www.koeln.de

## Lahnstein

Stadtverwaltung Lahnstein
Kirchstraße 1 · 56112 Lahnstein
Telefon: 049 26 21/91 40
Telefax: +49 26 21/914 33 00
E-mail: stadtverwaltung@lahnstein.de
Internet: www.lahnstein.de

## Leutesdorf

Information: Verkehrs- und Verschönerungsverein Leutesdorf e.V.
Volker Berg, In der Betz 1 · 56599 Leutesdorf
Telefon: 026 31/765 17
Telefax: 026 31/722 27
E-mail: verkehrsverein@leutesdorf-rhein.de
Internet: www.leutesdorf-rhein.de

## Linz

Touristeninformation Linz am Rhein
Marktplatz 14 · 53545 Linz
Telefon: 026 44/25 26 u. 194 33 u. 98 11 25
Telefax: 026 44/98 11 26
E-mail: linz-rhein@rz-online.de
Internet: www.linz-rhein.de

## Lorch

Städtisches Verkehrsamt
Markt 5 · 65391 Lorch/Rhein
Telefon: 067 26/18 15
Telefax: 067 26/18 44

## Mainz

Touristik Centrale Mainz
Bückenturm am Rathaus · 55116 Mainz
Telefon: 061 31/28 62 10

## Mainz

Telefax: 061 31/286 21 55
E-mail: tourist@info-mainz.de
Internet: www.touristik-mainz.de

## Neuwied

Tourist-Information
Pavillon Luisenplatz, Marktstraße 63
56564 Neuwied
Telefon: 026 31/802-55 55
Telefax: 026 31/802-55 56
E-mail: tourist-information@neuwied.de
Internet: www.neuwied.de

## Oberwesel

Tourist – Information Stadt Oberwesel
Rathausstraße 3 · 55430 Oberwesel
Telefon: 067 44/71 06 24 oder 15 21
Telefax: 067 44/15 40
E-mail:info@oberwesel.de
Internet: www.oberwesel.de

## Remagen

Tourist-Information Remagen
Bachstraße 5 · 53424 Remagen
Telefon: +49(0)26 42/201 87
Telefax: +49(0)26 42/201 27
E-mail: stadt.remagen@t-online.de

## Rheinbrohl

Gemeindeverwaltung Gertrudenhof
56598 Rheinbrohl
Telefon: 026 35/26 26
Telefax: 026 35/49 11

## Rhens

Fremdenverkehrsamt der Verbandsgemeinde Rhens
Am Viehtor 2 · 56321 Rhens
Telefon: 026 28/96 05 56
Telefax: 026 28/960 51 56
E-mail: touristik@rhens.de
Internet: www.rhens.de

## Rüdesheim

Städtisches Verkehrsamt
Geisenheimer Straße 22 · 65385 Rüdesheim am Rhein
Telefon: 067 22/194 33 u. 29 62
Telefax: 067 22/34 85
E-mail: touristinfo@t-online.de
Internet: www.ruedesheim.de

Museum Burg Rheinfels
Schlossberg · 56329 St. Goar
Telefon: 067 41/77 53
Telefax: 067 41/77 53

## St. Goar

Tourist – Information
Heerstr. 86 · 56329 St. Goar
Telefon: 067 41/383
Telefax: 067 41/72 09
e-mail: talderloreley@t-online.de
Internet: www.TalderLoreley.de

## St. Goarshausen

Städt. Verkehrsamt St. Goarshausen
Bahnhofstraße 8 · 56343 St. Goarshausen
Telefon: 067 71/910 11
Telefax: 067 71/910 15
e-mail: loreley-tourist-info@t-online.de
Internet: www.loreley-touristik.de

## Vallendar

Stadt Vallendar Fremdenverkehrsbüro
Rathausplatz 5 · 56179 Vallendar
Telefon: 02 61/650 31 97 u. 650 31 91
Telefax: 02 61/609 53
E-mail: Rathaus@vg-vallendar.de
Internet: www.vg-Vallendar.de

## Wiesbaden

Tourist Information Wiesbaden
Marktstr. 6 · 65183 Wiesbaden
Telefon: 06 11/17 29-930
Telefax: 06 11/17 29-798
E-mail: tourist-sevice@wiesbaden-marketing.de
Internet: www.wiesbaden.de

**1) www.dommuseum-mainz.de**
bischöfliches Dom- und Diözesanmuseum Mainz
**2) www.gutenberg.de/museum.htm**
Das Gutenbergmuseum – ein Denkmal für den Erfinder
**3) www.kurbetriebe.wiesbaden.de/kurhaus**
Kurhaus Wiesbaden, Wahrzeichen der Landeshauptstadt Hessen
**4) www.burg-rheinstein.de**
Infos über die Burg Rheinstein
**5) www.burg-reichenstein.de**
Infos über die Burg Reichenstein
**6) www.loreleytal.com**
Der Mittelrhein online. Hotels, Restaurants, Rheinburgen + Schlösser, Städte etc.
**7) www.bonn.de/rheinaue**
Der Freizeitpark Rheinaue in Bonn. Das grüne Herz von Bonn...
**8) www.cologne-in.de**
Das Köln Portal. Alles rund um die Stadt Köln. Freizeitangebote, Kultur, Theater, Musicals, Oper etc.
**9) www.museenkoeln.de**
Auflistung aller Museen in Köln.
**10) www.cinedom.de**
Kinoprogramm "Cinedom" in Köln